SPAN
158.1
LEG

Y0-CKM-442

Viva

MAY 0 2 2014

DATE DUE

JUN 2 4 2014		
JUL 0 8 2014		
JUL 2 5 2014		
AUG 2 8 2014		
DEC 3 0 2014		
MAR 0 5 2015		
JUL 2 3 2019		
AUG 1 4 2019		
		PRINTED IN U.S.A.

Lucía Legorreta

Ser
mujer
hoy

MADRID BARCELONA
MÉXICO D.F. MONTERREY
BOGOTÁ BUENOS AIRES
LONDRES NUEVA YORK

Colección Viva
Editado por LID Editorial Mexicana
Homero 109, 1405. México DF 11570
Tel. +52 (55) 5255-4883
info@lideditorial.com.mx - LIDEDITORIAL.COM

A member of: **BPR**
Business Publishers Roundtable.com

No está permitida la reproducción total o parcial de este libro, ni su tratamiento informático, ni la transmisión de ninguna forma o cualquier medio, ya sea electrónico, mecánico, por fotocopia, por registro u otros métodos, sin el permiso previo y por escrito de los titulares del copyright. Reservados todos los derechos, incluido el derecho de venta, alquiler, préstamo o cualquier otra forma de cesión del uso del ejemplar.

Editorial y patrocinadores respetan íntegramente los textos de los autores, sin que ello suponga compartir lo expresado en ellos.

© Lucía Legorreta 2013
© Julia Borbolla de Niño de Rivera, 2013 del prólogo.
© LID Editorial Mexicana, 2013

ISBN: 9786077610786
Editora de la colección: Cristina Sousa
Formación: produccioneditorial.com
Corrección de estilo: Cecilia Cortina
Corrección de pruebas: Beatriz Ferrer
Diseño de portada: Javier Velázquez,
   basado en ilustración de Elisa Legorreta
Formación de portada: Javier Velázquez
Fotografía de la autora: Lourdes Legorreta
Impresión: SIGAR
Impreso en México / *Printed in Mexico*
Primera edición: febrero de 2013

A quienes me dieron la vida y gran parte de lo que soy:
Lala y Ricardo

A mi compañero de vida Luis, por su apoyo y amor incondicional.

A quienes han dado un mayor sentido a mi vida:

Luis y Priscilla, Lucia y Pablo, Ana y Ximena.

A Dios, autor de la vida.

Índice

Prólogo de Julia Borbolla de Niño de Rivera 9

Introducción 11

I. Ser mujer

1. ¿Cómo me veo? 15
2. El misterio de saber quién eres 27
3. El perdón sí es posible 39
4. Porque el tiempo es oro 45
5. ¿Vives como piensas? 57

II. Mujer como esposa

6. Hombre y mujer: ¿iguales o diferentes? 65
7. Comunicación: el reto de siempre 73
8. El camino del matrimonio 81
9. El divorcio 87
10. ¿Juntos o casados? 95

III. Mujer como madre

11. Cómo hablar y escuchar a tus hijos 101
12. Los valores se enseñan solamente si se viven 111
13. Un gran reconocimiento para la mamá sola 117

14. Mamá a los treinta y tantos.................................. 123
15. Familia: fortalezas y amenazas 127

IV. Mujer como trabajadora

16. Ya no somos las mismas 135
17. Familia y trabajo, balance que construye................. 141
18. Trabajo de ambos: una nueva realidad 147

V. Mujer como ciudadana

19. Mujer líder 157
20. Responsabilidad social... 165
21. Participación ciudadana....................................... 171

VI. Mujer con propósito

22. Perseverar para edificar....................................... 177
23. El secreto está en tu actitud 185
24. Haz de tu vida un proyecto 193

Epílogo 199

Notas 203

Bibliografía 205

Prólogo

Conocí a Lucía Legorreta hace muchos años, cuando me invitó a participar como conferencista en un congreso dirigido a las mujeres. Recuerdo que al llegar me encontré un auditorio de más de tres mil almas ávidas de aprender, de encontrar en mis palabras y en las de los demás ponentes, una luz, una esperanza o un consejo práctico para vivir mejor. Nunca había estado ante un público tan atento, tan participativo y, sobre todo, tan agradecido; con un interés genuino que me hizo sentir muy bien.

Sin embargo, cuando regresé a mi casa sentí que aquella experiencia no me había dejado un buen sabor de boca. Muchas preguntas se habían quedado sin respuesta, innumerables inquietudes, problemas y vivencias se removieron sin que yo pudiera darme abasto para aplacarlas, para darles un sentido positivo y volverlas factores de crecimiento para esas mujeres inquietas. Al terminar mi plática, muchas de ellas me habían pedido «un momentito aparte» para platicarme su caso particular y recibir un consejo; pero eso hubiera significado quedarme varios días en aquella localidad para darles una consulta paliativa, para luego volver a dejarlas tal vez más inquietas y creyendo que yo sería la dueña de las respuestas a sus problemas.

Este mismo amargo sabor de boca lo han compartido mis colegas en aquel y en otros muchos congresos por toda la República Mexicana.

Hoy Lucía nos ofrece, a través de este libro, una herramienta invaluable para resolver la situación. *Ser mujer hoy* es el resumen de muchos congresos, y atrapa en sus páginas al conjunto de los mejores conferencistas para quedarse en cada hogar, al lado de cada mujer que busca respuestas y consejos, que quiere mejorar y seguir siendo el pilar de su familia.

En este libro Lucía muestra un profundo conocimiento del corazón de las mujeres mexicanas y su vida diaria, y me confirma que ella era la primera que se quedaba con ese amargo sabor de boca que hoy endulza con su objetividad, su optimismo y, principalmente, con sus consejos prácticos, aterrizados. Consejos que van por orden, que nos hablan de nosotras mismas para conocernos y reconciliarnos con nuestro género y nuestra misión como esposas, madres, hermanas y piezas clave de la sociedad.

Leerlo es como quedarse con Lucía al final de cada congreso «un momentito aparte» y, con su guía, recapitular nuestra existencia, descubrir a quién o quiénes les hemos dado las riendas de nuestra vida y trabajar para recuperarlas. Con su libro la tendremos a la mano para que nos ayude a tirar rencores a la basura, reconocer defectos y, sobre todo, aprovechar sus consejos, atrevernos a iluminar nuestras cualidades sin vergüenza y sentirnos orgullosas de ser una nueva versión de nosotras mismas.

Psicóloga Julia Borbolla de Niño de Rivera

Introducción

Hace varios años y casi al final del día, una señora me comentó: «Hoy el día me vivió; yo no lo viví». Estoy convencida de que esto pasa con mucha frecuencia: nos rebasan las circunstancias, las actividades cotidianas y los problemas, y son ellos los que dirigen nuestras acciones.

Ante esto, es importante hacer un alto y preguntarnos: ¿Hacia dónde voy?, ¿para qué vivo?, ¿cómo estoy?, ¿qué quiero cambiar o mejorar en este momento de mi vida? Pues bien, el libro que tienes en tus manos busca ser ese alto en tu camino: un semáforo que te ayude a detenerte y te dé la oportunidad de ordenar tu vida. Quiere ser una guía para que día con día puedas reflexionar y mejorar en los diferentes ámbitos en los que te desarrollas como mujer (esposa, madre, trabajadora, amiga, hija y otros más) y hagas de tu vida el proyecto más importante.

Hace tiempo tuve la idea de escribir un libro, pero no la había concretado. El pensar que quizá resultaría ser un manual más de desarrollo humano me detenía. Sin embargo, ante la inquietud de muchas mujeres que se han acercado al término de mis conferencias, o que escuchan el programa de radio que conduzco, pensé en la pertinencia de un texto mediante el cual pudiera compartir mi experiencia y conocimientos.

Así concluí que si este libro ayuda a una sola mujer, habrá valido la pena escribirlo; y si eran muchas las beneficiadas, mi alegría sería inmensa.

Cada una de nosotras tiene una misión que debe ir descubriendo, viviendo y, sobre todo, gozando. Una cosa es clara: lo que no hagas por ti, nadie más lo hará. Tus seres queridos podrán aconsejarte, animarte o hasta obligarte a realizar algo, pero únicamente tú serás capaz de vivir tus acciones plenamente, en paz y como una mujer feliz. Superarse no es superar a los demás, sino ser mejor una misma en compañía de los demás.

En la medida en que aprendamos a relacionarnos con los otros de forma profunda y positiva, iremos creciendo como personas. Vivimos acompañadas, pero debemos responder solas ante las oportunidades y retos que se nos presentan. Para esto hay que aprovechar aquellos dones y talentos que nos fueron dados y hacerlos crecer más y más, para que al final de nuestra vida podamos decir con toda tranquilidad: he cumplido, viví con plenitud, ¡soy una mujer valiente!, ¡soy una mujer feliz!

Es notorio que nuestro papel como mujeres ha cambiado mucho en las últimas décadas. Ahora estudiamos, trabajamos, ocupamos puestos públicos y privados; situación que nuestras mamás y abuelas casi no experimentaron. Este cambio me parece maravilloso, ya que tenemos más oportunidades y espacios que los que tuvieron quienes nos precedieron. Pero, en este tránsito, también me he dado cuenta de que nos enfrentamos al grave riesgo de hacer a un lado nuestro papel insustituible como esposas y madres, olvidándonos de nuestra verdadera esencia femenina. Equilibrar no es tarea fácil, pero tampoco es imposible. A lo largo de cada capítulo encontrarás situaciones que vivimos las mujeres en los ámbitos familiar, profesional y social, así como reflexiones y recomendaciones que pueden ayudarte a ser una mejor persona cada día. Los temas van desde conocimiento propio hasta tu responsabilidad en el acontecer sociable.

Este libro ha sido escrito para ti, que buscas herramientas para que los días no te vivan sino que tú los vivas. Con mucho cariño, espero que constituya una guía para el maravilloso e inigualable camino de tu vida.

I
Ser mujer

¿Cómo me veo? | 01

¿Cómo te ves a ti misma?, ¿qué piensas de ti?, ¿valoras tu persona?, ¿cómo te sientes en este momento? Todas estas son preguntas muy importantes pero que rara vez nos hacemos.

¿Cómo eres?, ¿cuáles son tus defectos y tus cualidades? Si te resulta difícil saber para qué eres buena, las siguientes líneas podrán ayudar. Observa y anota tus principales cualidades. Por ejemplo, tal vez seas prudente, simpática, ordenada, colaboradora, amigable, buena cocinera, excelente conversadora, bondadosa, puntual, observadora, simpática, comprensiva, responsable, perseverante, controlada, constante, dulce, disciplinada, discreta, entusiasta, estudiosa, fiel, sociable, honrada, humilde, inteligente, recta, activa, ingenua, jovial, líder, pulcra, creativa, piadosa, razonable, paciente, generosa, perceptiva, respetuosa, servicial, sincera, caritativa, segura de ti misma, tierna, trabajadora, justa, alegre, valiente, elegante...

Seguramente notarás que la mayoría de nosotras cree tener pocas cualidades y nos reconocemos poco, lo cual afecta negativamente nuestra autoestima. La buena noticia es que contamos con numerosos recursos para ser mujeres plenas y aceptarnos como tales.

¿Qué es autoestima?

La autoestima es la percepción que tenemos de nuestro valor. Es alta si te aprecias como persona, o baja si no te quieres o no te reconoces a ti misma.

El término proviene del griego *autos*, que significa a sí mismo y del latín *aestimare*, referente a valorar. La autoestima es el valor que doy a mi persona; es el resultado de sucesivas autovaloraciones y constituye el núcleo base de la personalidad. No ignora nuestras limitaciones y defectos, los considera como carencias contra las que hay que luchar para quitarlas o disminuirlas y lleva a descubrir y apreciar lo bueno que tenemos.

También se forma a través de la interacción con otras personas y la perspectiva que adoptemos ante los sucesos, cosas, acontecimientos y situaciones que tienen que ver con la realidad que vivimos y la manera en que la vivimos. Lo curioso del caso es que tendemos a llevar a la acción todo aquello que programamos mentalmente desde nuestro interior: creencias, palabras y pensamientos que forjan las realidades que vivimos cada día.

Si yo programo mi mente con base en pensamientos positivos, podré sentirme más feliz que si lo hago en forma negativa y me expongo a una permanente angustia e insatisfacción existencial. Esa voz o conciencia positiva podrá favorecernos al ayudarnos a ver el mundo desde una perspectiva altruista, esperanzada y positiva. Por el contrario, si es negativa y destructiva, generará en nosotros desánimo, desasosiego y desajuste íntimo.

Una mujer con alta autoestima generalmente goza de gran seguridad emocional. Tiene en sus manos el antídoto contra la ansiedad; normalmente se controla y vive relajada, sin tensiones y buscando un equilibrio emocional. Con una autoestima positiva no dependo de otros para sentirme valiosa y digna; es decir, mi seguridad no depende de la opinión de los demás, sino de lo que yo aprendo a ver en mi interior. Así, me doy a mí misma el valor que me corresponde.

Relación con los demás

Del valor que te des dependerá cómo te relaciones con los demás y, sobre todo, el sentido que le des a tu vida. ¿Te gusta cómo eres o quieres cambiar?

Todas tenemos el deseo de reconocimiento, ¿te agrada que te admiren cuando haces algo bueno? Esto es normal, lo que debemos evitar es llegar al extremo de actuar en una forma ajena a lo que somos y de la cual no estamos convencidas, para quedar bien con los demás. Estar satisfecha y contenta de cómo eres no debe depender de los demás, sino de ti misma. Si te conoces, piensas cómo eres y decides ser mejor, vas a sentirte muy contenta y segura; por lo tanto, no dependerás de las opiniones de otros.

En todo esto, la actitud juega un papel determinante. Por ello vemos a mujeres con grandes dificultades pero tranquilas y optimistas, o a otras que ante el menor obstáculo se ponen tristes o deprimidas. Tú, ¿de qué tipo eres?

Tiempo atrás

Un punto importante también es la relevancia que le damos al pasado, donde nos acordamos de lo que nos ha ocurrido, pero no de las cosas buenas, sino únicamente de las malas: cuando tu marido se emborrachó, cuando tu hijo te insultó, cuando perdiste el empleo, por mencionar algunas. Por supuesto que hay personas que nos han hecho daño; sin embargo, todo evento pasado será tan triste, doloroso o duradero como decidas que sea. Esto no quiere decir que olvides lo sucedido, pero sí puedes restarle peso para conferirle un menor grado de importancia y vivir mejor. Acuérdate de las cosas buenas que han pasado en tu vida y no solo de lo malo, pues vas a ser muy infeliz y desdichada. La gran autora y psicoterapeuta Virginia Satir resume de maravilla este punto: «Aprender a valorarse a sí mismo, tener una alta autoestima y tener confianza, son cosas que le suceden a cualquier persona a pesar de su pasado»[1].

Te comparto una historia al respecto:

> Caminaban dos monjes una tarde por el bosque, cuando encontraron a una mujer a la orilla del río. Ella les dijo:

—Se ha roto el puente que cruza al otro lado, no sé nadar y tengo que ir a ver a mis hijos. Ayúdenme a cruzar.

El monje más viejo le ofreció cargarla y el otro se quedó muy sorprendido, ya que las reglas de su monasterio prohibían que tuvieran cualquier contacto físico con la mujer. Una vez que cruzaron, ella le dio las gracias y se fue con sus hijos.

Siguieron el camino, y el monje más joven no dejaba de pensar en lo que había pasado. Tras algunas horas, muy enojado, dijo:

—Has desobedecido nuestras normas, eres una vergüenza para Dios, seguramente te castigará.

Por varios minutos lo insultó hasta que se quedó sin palabras. Finalmente, el monje mayor respondió:

—Hermano, yo dejé a esa mujer hace dos horas, tú todavía la sigues cargando.

Cuántas veces seguimos acordándonos no solo de nuestros errores, sino de los de los demás. Hagamos a un lado lo malo del pasado y veamos lo bueno que ha de venir.

Con derecho a equivocarte

Muy relacionada con el pasado, está la actitud hacia los errores. Es totalmente normal cometerlos, sin que eso signifique que eres tonta o que vales menos como persona. Somos seres imperfectos y fallamos. Lo que es de gran ayuda es aceptarlos, primero ante nosotras mismas y después ante los demás. A veces pareciera que en una familia la única que no puede equivocarse es la mamá, recuerda siempre que no eres una súper mujer, y que como toda persona puedes llorar, reírte y, muchas veces, fallar.

Si te equivocas, acéptalo y trata de corregirlo si se puede; o bien, ofrece una disculpa. Vivir con un sentimiento de culpa hacia algo o hacia alguien es muy dañino. Si tienes un sentimiento de culpa, libérate y díselo a quien tienes que hacerlo para dejarlo atrás; evita causarle un daño innecesario a la persona involucrada; incluso puede ayudarte un profesional: tu consejero o guía espiritual. Es fundamental que no te quedes con esa atadura. Sentir culpa es inútil y no nos ayuda en nada, ya que con ella agredes tu propia estima. No es lo mismo vivir con responsabilidad que con culpabilidad. Vivir responsablemente es responder en forma positiva ante las circunstancias de la vida, logrando elevar nuestra autoestima; vivir con culpas es sentirse inferior.

Primero cambio yo

Otra reflexión se dirige a nuestras relaciones con otros y lo que esperamos de ellos. ¿Cómo son tus relaciones con los demás?, ¿te llevas bien o mal? Es muy común que pensemos que todos están mal y que nosotros estamos bien; que el mundo no nos entiende y que los demás deben portarse como esperamos. ¡Qué pensamientos tan erróneos!

> Hace muchos años, en una tierra lejana, vivía un infeliz rey. En muchas cosas su vida era muy buena, ya que tenía un bello palacio, sus súbditos lo querían y servían en todo, en fin, nada le hacía falta. Sin embargo, no era feliz. Lo que más deseaba era visitar a todos los pobladores de su reino para ver qué les hacía falta y ayudarles, pero no lo podía cumplir porque la tierra era totalmente rocosa, y las veces que había intentado trasladarse, se lastimaba los pies y quedaba obligado a regresar al palacio.
>
> Así, llamó a los sabios para que encontraran una solución. Después de tres días, uno de ellos informó:
>
> —Su majestad, habrá que matar todas las vacas del reino, quitarles la piel, y cubrir las rocas para proteger sus pies. Esto nos llevará diez años.

El rey respondió:

—¡Pero para entonces ya estaré muerto!

Al percibir su inconformidad, se acercó un pequeño paje y le dijo:

—Su majestad, ¿por qué no mejor mata una sola vaca, le quita la piel, cubre sus pies con ella y visita el reino entero?

Es más fácil cambiar nosotras mismas un poco, que tratar de cambiar al mundo entero.

¿Quién es mejor?

Al relacionarnos con los demás, a menudo caemos en el error de compararnos con ellos: mi vecina tiene una casa más bonita, mi compadre tiene mejor trabajo que el de mi esposo, los hijos de mi hermana son alumnos más brillantes.

¿Sabes qué? Siempre van a existir personas que estén intelectual, económica, física y socialmente mejor que nosotras, como también las habrá con menos dinero, inteligencia, salud o amigos. Lo importante es no compararte, no competir. Tu valor como mujer es totalmente independiente de otras personas. Cuando reconoces que eres única, con diferencias y semejanzas respecto a otros, dejas de juzgarte y de castigarte, y por ende, disfrutas mucho más la vida.

El error de manipular

Otro error que solemos cometer es el de la manipulación, la cual significa hablar o actuar de tal forma que logramos que las personas hagan lo que nosotras queremos, pero sin que ellos se den cuenta. Esto es muy grave y denota inseguridad. En ocasiones lo enmascaramos utilizando frases tales como: no me quieres, no les importo, no hago nada bien, pobre de mí, pasó por mi culpa...

Con esto traemos a los nuestros como locos, porque nada nos parece, aunque en el fondo los estamos manipulando. No se vale utilizar los sentimientos de los demás para satisfacer tus propias necesidades. Es síntoma de un gran egoísmo.

Preocuparse por el otro

Para combatir el egoísmo ayuda a los demás. En el lugar donde vives y en los sitios que frecuentas (trabajo, escuela, iglesia, etcétera.) existen muchas oportunidades para ayudar. Tu apoyo no tiene que ser económico; hay necesidades mucho más importantes que las materiales, como dar tu tiempo, ánimo, alegría y convivencia. En la medida en que te des a los demás serás menos egoísta, mucho más feliz y con mayor autoestima. Cuando una persona se quiere a sí misma, no hará algo que pueda lastimar, devaluar, humillar o destruir su persona o la de quienes lo rodean.

En la medida en que te respetes y te quieras, los demás te respetarán y te querrán. Cuánto más nos valoramos, menos demandamos de otros y estamos más abiertos al amor. Recuerda: si tú te ves bien, los demás te verán bien. La autoestima es prerrequisito y resultado del éxito en las relaciones sociales. Si la tuya es alta, serás una mujer de éxito en tu vida. Quizá el siguiente pensamiento, te ayude a elevar tu autoestima. Solo repítelo al iniciar tu día y verás los resultados.

Mi declaración de autoestima
Virginia Satir

Yo soy yo.

En todo el mundo no existe nadie igual, exactamente igual a mí. Hay personas que tienen aspectos míos, pero de ninguna forma el mismo conjunto. Por consiguiente, todo lo que sale de mí es auténticamente mío, porque yo sola lo elegí.

Todo lo mío me pertenece, mi cuerpo y todo lo que hace; mi mente con todos sus pensamientos e ideas; mis ojos, incluyendo todas las imágenes que perciben; mis sentimientos, cualesquiera que sean: ira, alegría, frustración, amor, decepción, emoción; mi boca y todas las palabras que de ella salen, refinadas, dulces o cortantes, correctas o incorrectas; mi voz, fuerte o suave, y todas mis acciones, sean para otros o para mí.

Soy dueña de mis fantasías, mis sueños, mis esperanzas, mis temores.

Son dueña de mis triunfos y mis éxitos, de todos mis fracasos y errores.

Puesto que todo lo mío me pertenece, puedo llegar a quererme y a sentir amistad hacia todas mis partes.

Sé que tengo aspectos que me desconciertan y otros que desconozco. Pero mientras yo me estime y me quiera puedo buscar con valor y optimismo soluciones para las incógnitas e ir descubriéndome cada vez más

Como quiera que parezca y suene, diga y haga lo que sea, piense y sienta en un momento dado, todo es parte mi ser. Esto es real y representa el lugar que ocupo en este momento del tiempo.

A la hora de un examen de conciencia, respecto de lo que he dicho y hecho, de lo que he pensado y sentido, algunas cosas resultarán inadecuadas.

Pero puedo descartar lo inapropiado, conservar lo bueno e inventar algo nuevo que supla lo descartado.

Puedo oír, ver, pensar, decir y hacer. Tengo los medios para sobrevivir, para acercarme a los demás, para ser productiva, y para lograr darle sentido y orden al mundo de personas y cosas que me rodean.

Me pertenezco y así puedo estructurarme.

Yo soy yo, y estoy bien.

¿Qué hacer?

Te propongo algunas acciones que contribuyen a la construcción de una autoestima alta:

1. Sé optimista ante los problemas.

2. Acepta que cometes errores y que puedes aprender de ellos.

3. Proponte metas que puedas cumplir.

4. Aprende cosas nuevas.

5. Alégrate y valora lo que has logrado en tu vida.

6. Permite ser reconocida.

7. No te compares con otras personas.

8. Cultiva la seguridad en ti misma.

La autoestima se construye día con día, reconociendo aquello en lo que somos buenas y buscando mejorar en lo que nos cuesta. Invierte en fortalecerla a cada instante.

Test

Califica tu nivel de autoestima:

1. ¿Me gusta cómo soy? sí ( ) no ( )
2. ¿Me quiero a mí misma? sí ( ) no ( )
3. ¿Merezco lo mejor? sí ( ) no ( )
4. ¿He realizado cosas de las que estoy orgullosa? sí ( ) no ( )
5. ¿Reconozco las cosas para las que soy buena? sí ( ) no ( )
6. Cuando cometo errores, ¿aprendo de ellos? sí ( ) no ( )
7. ¿Tengo confianza en que puedo solucionar problemas? sí ( ) no ( )
8. ¿Acepto los consejos de otras personas? sí ( ) no ( )
9. ¿Las relaciones que tengo con los demás son buenas? sí ( ) no ( )
10. ¿Me siento segura cuando estoy con otros? sí ( ) no ( )

Ahora suma los «sí».

Si tienes entre 8 y 10, tu autoestima es alta.

Si tienes de 4 a 7, necesitas trabajar para mejorar tu autoestima.

Si tienes 3 o menos, tu autoestima es baja y requiere ser atendida.

Actividad

Conforme a lo que resultó en el test, escribe cinco compromisos que realizarás para hacer que tu autoestima sea más alta:

1. _____
2. _____
3. _____
4. _____
5. _____

Escribe cinco cualidades con las que te describirías:

1. _____
2. _____
3. _____
4. _____
5. _____

¿Cómo puedes darte a los demás aprovechando estas cualidades?

1. _____
2. _____
3. _____
4. _____
5. _____

El misterio de saber quién eres | 02

Mucho se habla de aprender a saber quién eres, de conocerte a ti misma. Qué sencillo se oye, pero qué difícil es vivirlo. La situación es que para poder amar, entregarnos a los demás y educar, es necesario conocernos a nosotros mismos primero. La mujer que tiene éxito en su trabajo, en su matrimonio, en la educación de sus hijos, en su vida, es aquella que se conoce y busca aceptarse y superarse cada día.

Conocerte no es sencillo, ya que tenemos infinidad de cosas que hacer y roles que desempeñar: la casa, los hijos, el trabajo, nuestro esposo... Con frecuencia el tiempo pasa volando y no nos damos cuenta de lo que sucede en nuestro interior.

¿A qué se debe? A que la mujer en muchas ocasiones no sabe lo que quiere de su vida, no conoce cómo funcionan su cuerpo, sus sentimientos y emociones, y actúa según se van presentando las cosas y no de acuerdo a sus principios.

Conocimiento propio

Una condición básica para conocerte es comprender tu cuerpo, saber que las mujeres tenemos cambios hormonales en las diferentes etapas de nuestra vida. Esto ocasiona cambios de humor, hay días en que no sabes por qué, pero amaneces contenta y todo te parece fácil, todo lo ves bonito; y otros en que no quieres ni levantarte de la cama, estás desanimada y percibes lo que tienes que hacer como algo muy difícil.

Todo esto es normal, pero el reto es saber controlar esos estados de ánimo. Por ejemplo, no podemos rumiar:

Hoy estoy de malas y que todos se aguanten.

Lo mejor es decir:

Aunque me cueste trabajo voy a echarle ganas a lo que tengo que hacer.

Es importante conocer también nuestros sentimientos y nuestras emociones. Es decir, ¿por qué te portas así con algunas personas?, ¿por qué te enojas cada vez que te encuentras con tu cuñada?, ¿por qué te desesperas tanto con uno de tus hijos?, ¿por qué te pones triste si tu marido o novio te habla fuerte? Ante esto debemos aprender a ponerle nombre a las emociones, y lo iremos logrando en la medida en que tengamos espacios para pensar en nosotras mismas y para saber cómo somos.

Nuestra misión en la vida es dar lo mejor de nosotras mismas a los demás, a los que nos rodean: dar amor, una sonrisa, un detalle, una ayuda...

También es muy importante nuestra razón. ¿Por qué? Simplemente para decidir qué queremos de nuestras vidas: si ser personas tristes y amargadas o mujeres alegres y optimistas.

La vida te va a presentar problemas y situaciones difíciles, al igual que momentos agradables y cosas buenas. La vivencia dependerá de la actitud con que la enfrentes.

Nuestro cuerpo, sentimientos y emociones y nuestra razón nos hacen mujeres integrales, pues todo influye en cómo somos y actuamos.

Tu vida: una maleta

Nuestra vida es como una maleta, contiene cualidades y defectos. Hablemos primero de tus cualidades. Sé que es difícil pensar en las que tenemos, pero intenta identificarlas y escríbelas, tal como lo has hecho en páginas anteriores.

Para que estas cualidades realmente crezcan, hay que brindarlas a los demás. Las cosas materiales, conforme más se comparten, más se acaban. Si tienes cinco cosas y das tres, solo te quedarán dos. En cambio, si das alegría y generosidad, si enseñas a los demás lo que sabes, eso nunca se acaba; al contrario, tus cualidades empiezan a crecer y multiplicarse.

Muchas veces buscamos la felicidad en lo material, y realmente no valoramos o no nos damos cuenta de que lo que más satisfacción da es totalmente gratis.

También dentro de nuestra maleta encontramos defectos, los cuales hay que identificar muy bien; no para quejarnos o justificarnos, sino para trabajar en ellos y tratar de restarles fuerza.

Es importante reconocer que no somos perfectos. De ahí que para mejorar hay que saber perdonarnos: perdonar nuestras fallas y debilidades.

Defectos

A manera de ejemplo, presento a continuación ocho defectos típicos que compartimos hombres y mujeres. ¿Qué te parecería identificar el que predomina en ti?

1. Crítica: eres superficial y dices lo que se te ocurre sin reflexionar en que puedes herir a los demás. ¿Opinas por quedar bien?, ¿participas en chismes para atraer la atención, por parecer que estás enterada de todo o por seguir la corriente?, ¿solo ves las cosas negativas en los demás y con tus comentarios los desprestigias?

2. Egoísta: te gusta ser el centro de la atención, que todo gire en torno a ti; lo demás te tiene sin cuidado. Tu persona, tus

cosas y necesidades son lo único que te importa. Buscas solo lo que te agrada y atrae. Tratas de conseguir lo que te interesa, que todos se ajusten a tus deseos, criterios y voluntad. No te preocupan los demás, cercanos o lejanos. Jamás haces un favor o lo haces por conveniencia.

3. Soberbia: te crees capaz de todo y que no necesitas de la ayuda de otros. Te sientes más inteligente y valiosa que los demás. Procuras siempre que te admiren. Impones tu forma de pensar, gustos e ideas. Eres incapaz de pedir un consejo, o bien te sientes herida ante cualquier humillación. Jamás ofreces una disculpa.

4. Impulsiva: no toleras que se opongan a tus decisiones, criterio o intereses. Siempre tienes la razón. Actúas bruscamente según tus estados de ánimo, te alteras cuando te hieren. Te precipitas, no esperas, no piensas. Se te dificulta aceptar el sacrificio y cualquier molestia te hace saltar.

5. Vanidosa: te crees mejor que los demás y quieres acaparar la atención. Muchas veces desprecias a otros. Te gusta que hablen de ti, que se fijen en ti. Juzgas a los demás. Dedicas una gran parte de tus pensamientos y de tu tiempo a la vanagloria.

6. Sensual: satisfaces siempre tus propios gustos, lo que el cuerpo te pide, y te desagrada el sacrificio. Controlas poco los sentidos, especialmente la vista. Tienes mucha imaginación y curiosidad, no cuidas las películas, fiestas, revistas y lecturas que eliges. Te dejas llevar por los sentimientos. Cuidas excesivamente de ti misma, para hacerte atractiva, provocativa. Eres floja, y te falta más organización y laboriosidad.

7. Sentimental: eres muy sensible, cualquier cosa te conmueve, te hiere o molesta. Piensas mucho las cosas. Te ilusionas muy fácilmente y de momento crees que todo lo puedes hacer, aunque cuando pasa el tiempo te parece difícil, te desanimas y lo dejas. Empiezas cosas, pero si no te gustan las aban-

donas; es decir, eres inconstante. Te encierras en ti misma porque sientes que nadie te entiende, te dejas llevar por tus estados de ánimo y todo lo juzgas emocionalmente.

8. Racional: todo lo pasas por la razón. Eres muy dura en tus juicios u opiniones hacia los demás. No sabes descubrir a Dios en los acontecimientos de tu vida, ni verlo en las personas o situaciones. Dictaminas con criterio humano y según tu particular manera de pensar. Se te dificulta rezar. Eres crítica porque te fijas solamente en el aspecto negativo de los demás. Te cuesta mucho obedecer a una autoridad o a alguien de tu familia.

¿Cómo puedo mejorar?

La mayoría tenemos varios de estos defectos. Lo importante es buscar momentos para reflexionar cuál predomina. Si se te dificulta saberlo, busca un rato en la noche y escribe tus fallas de ese día. Al poco tiempo te darás cuenta de que generalmente son las mismas. Para ayudarte a identificar tus defectos, al final de este apartado encontrarás un cuadro llamado Programa de vida personal. Finalmente, escribe el defecto que reconoces como el más fuerte en ti, pues más tarde lo retomaremos.

Aceptación

Una vez en el camino de conocernos mejor, proceso que nunca termina, viene algo importantísimo: la aceptación. ¿Por qué es relevante? porque hay muchas personas que se conocen a sí mismas, que saben cómo son, pero no se aceptan: se quejan de ellas y viven pensando en cómo les gustaría ser.

Al aceptarte vas a encontrar dos tipos de escenarios: uno, sobre las cosas que no puedes cambiar y dos, sobre las que sí puedes. Algo que no puedes cambiar es, por ejemplo, tu aspecto físico; claro que lo puedes mejorar, pero si naciste chaparra, o un poco gordita, así es como debes vivir. También tendrás que aceptar cómo son tu marido y tus hijos, es posible que uno de ellos sea más latoso o que no le guste estudiar. Es importante que aceptes que esa es tu realidad, y por lo tanto no es válido compararte todo el tiempo con tu amiga o tu hermana porque, aunque tu esposo sea de una u otra forma, es posible que sea un hombre trabajador y honrado y, aunque tus hijos no quieran estudiar, puede que sean muy cariñosos y serviciales.

Todos tenemos cosas buenas y debemos aprender a reconocerlas también en nuestros seres queridos, para aceptarlos tal como son y no vivir pensando y queriendo que sean diferentes. Acéptate a ti misma con tus cualidades y defectos, con todo lo que tienes y lo que no tienes; y verás como vives mucho más tranquila y en paz.

Superación

Por último, hay que hablar de la posibilidad de crecer y ser mejores. Superarse es vencer los obstáculos que no dejan que te conozcas y te aceptes tal y como eres.

Superarse no significa ser mejores que los demás, sino ser mejor tú misma. Si empiezas a conocerte y a aceptarte, ya te estás superando. Superarse quiere decir ir a más, ganar, vencer. Cualquier momento y situación en tu vida es una oportunidad para conocerte, aceptarte y superarte; aprovecharla depende solamente de ti.

Siguiendo con el ejercicio anterior de ubicar tu defecto dominante, retoma el Programa de vida personal, ahora para identificar la virtud que debes fortalecer para disminuir esa falla principal. Una virtud es un hábito bueno, pues se repite muchas veces, por lo cual podemos adquirirlo siempre y cuando lo vivamos constantemente.

Virtudes

Para cada defecto hay una virtud en específico, en la cual debemos de trabajar:

a) Caritativa (vs. crítica): debes esforzarte por no hablar mal de los demás ni tenerles envidia. No juzgar. Nunca creer el mal que propagan, ni tampoco permitir que critiquen delante de ti. Debes pensar antes de hablar y dominar tus impulsos, tratando siempre de expresar lo positivo y hacer el bien a los demás.

b) Generosa (vs. egoísta): es dar al otro lo que realmente necesita, no lo que te sobra o le quieres dar, ya sea dinero, tiempo, atención, compañía, etcétera. Consiste en dominar tu egoísmo, en casa primero y después fuera de ella. También implica preocuparte por los demás y tratar de hacerlos felices, subordinando tus intereses a los de otros. Es aprovechar el tiempo y tener un horario para no dar paso a la comodidad o al interés personal.

c) Humilde (vs. soberbia): realizar tus actividades sin buscar reconocimiento: que tu mano izquierda no sepa lo que hace la derecha. Saber pedir consejo, permiso o disculparte cuando sea necesario.

d) Paciente (vs. impulsiva): es aceptar la manera de ser de los demás y fomentar la comunicación para poder comprenderlos mejor. Controlar tus impulsos y estados de ánimo. Pensar antes de actuar. Buscar momentos de reflexión y para estar sola. Es saber esperar, no desesperar.

e) Sincera (vs. vanidosa): ser generosa con los demás sin esperar compensaciones. Dar gracias a Dios cuando tengas éxitos o triunfos, pues es quien te dio las cualidades. Buscar el bien de los demás y no el propio. Si caes en la vanidad, rectifica, pidiendo perdón o reparando el daño.

f) Recta (vs. sensual): buscar ser una mujer enérgica y disciplinada contigo misma, especialmente en el control de los sentidos. Tener un horario y un programa, ya que la ociosidad es la que abre la puerta a las debilidades. Acostúmbrate a vencer tus gustos, aunque sea en pequeños detalles de cada día. Es respetarte a ti misma.

g) Realista (vs. sentimental): esforzarte por dominar los estados de ánimo, sabiendo que, aunque eres muy sensible, se deben encauzar y controlar. Tratar de ser decidida, constante y terminar lo que empiezas. Ser optimista. Aceptar cuando alguien más te corrija. Cuidar lo que dices de los demás y no juzgar según tus estados de ánimo. Es encauzar la sensibilidad para ser bondadosa y contagiar entusiasmo y alegría.

h) Espíritu de fe (vs. racional): en la familia, es fomentar la comunicación, el servicio y la docilidad. No imponerse a los demás y respetar sus puntos de vista. Aprender a descubrir a Dios en todos los acontecimientos de tu vida.

Hay que aclarar que los cambios no se harán de un día para otro. Hay formas de conseguirlos, pero es un proceso que exige tiempo y esfuerzo.

Medios para lograrlo

Los medios para alcanzar estas metas personales deben ser:

1. Concretos: lo más claros posibles.
2. Realistas: que los puedas cumplir.
3. Medibles: que puedas saber si los estás cumpliendo.
4. Eficaces: que en realidad te sirvan.
5. Graduales: poco a poco se van realizando.
6. Positivos: siempre pensar en lo que sí es posible, de manera optimista.
7. Adecuados: los medios se determinan de acuerdo a los cambios que hay que realizar con tu esposo o novio; tus hijos; contigo misma; en tu trabajo; y con los demás.

Una vez que logres hacer tu Programa de vida personal, no hay que guardarlo en un cajón, sino revisarlo frecuentemente para ver cómo vas mejorando, e irlo cambiando conforme se realicen modificaciones profundas. Recuerda que superarse es descubrir el sentido de la vida, y al hacerlo serás una gran mujer. No tengas miedo de ser como eres. Vales mucho como para no demostrarlo. ¡Demuéstralo!

Siéntete orgullosa de ser mujer, y no una mujer más sino una que es especial y única, que lucha por conocerse, por aceptarse y por superarse todos los días.

Te comparto un poema que escribió Rafael Martín del Campo en *Canto a la vida*, para luego brindarte el cuadro del Programa de vida personal:

Una Mujer

Mi búsqueda no es algo fácil

En mi paso por este mundo he conocido toda clase de personas, de todas las condiciones sociales; pero a fin de cuentas solo se ha tratado de gente, y lo que yo busco es: ¡Una mujer!

Pero una mujer que no sea una muñequita de aparador. Tampoco que sea la madre sumisa y abnegada o la esclava del hogar.

Busco a una mujer que se atreva a ser ella misma con todas sus potencialidades.

Una mujer que no tema ser fuerte, segura e independiente, porque con ello no pierde su feminidad y, en cambio, toma el lugar que le corresponde en la evolución de la pareja humana.

Una mujer que me ayude a verme como soy, no como creo que soy.

Que tenga tacto al decirme mis defectos en el momento en que soy más receptivo, para que digiera la crítica constructiva y pueda así florecer como persona.

Una mujer que sea tierna, sin que pierda firmeza; seria, sin llegar a ser solemne; deseosa de superar sin sentirse superior; dulce, sin ser melosa, y con la frescura de una chamaca, sin caer en lo pueril.

Una mujer que sea mi compañera en todo: desde tender la cama juntos, hasta adentrarnos en una aventura intelectual, pasando por la experiencia de trabajar hombro a hombro y recorrer un parque en bicicleta.

Una mujer que no se alarme si algún día me ve llorar, y que me aliente a «darme permiso» de ser débil y a pedir ayuda a pesar de ser el hombre fuerte.

Una mujer que descubra lo que le gusta en la vida, y que se esfuerce por averiguar lo que quiere realmente de sí misma, teniendo el valor de pagar el precio de sus más grandes anhelos.

Una mujer que sepa que el hombre está llamado a ser el más elevado de los seres vivientes; pero que ella, como mujer, fue concebida como la más sublime de las creaciones del universo.

Cuando la encuentre, la amaré intensamente.

Programa de vida personal: mis metas

¿Qué puedo mejorar?:

Con mi esposo, novio: _____

Con mis hijos: _____

Con mi familia : _____

Con mis amigas (os): _____

En mi trabajo : _____

Con los demás: _____

Defecto principal: _____

Virtud: _____

Fecha: _____

DEFECTO	VIRTUD
Crítica	Caritativa
Egoísta	Generosa
Soberbia	Humilde
Impulsiva	Paciente
Vanidosa	Sincera
Sensual	Recta
Sentimental	Realista
Racional	Confianza en Dios

El perdón sí es posible | 03

Te perdono, pero no lo olvido; te perdono, pero constantemente te recuerdo lo que pasó; te perdono, pero algún día sentirás lo mismo que yo. ¿Lo has vivido? Puede que sí, por lo que sabes lo difícil que es perdonar; sobre todo cuando estamos llenas de resentimiento y recuerdos negativos.

En una ocasión, al término de una conferencia, se acercó una mujer y me dijo:

—Mi suegra nunca me agradeció que la cuidara durante sus últimos años. Ya murió pero estoy muy lastimada y no se lo perdono.

—¿Y hace cuánto que murió? —pregunté.

—Hace quince años...

Este «volver a sentir», es decir, conservar el resentimiento, lleva revivir una y otra vez aquel daño que alguien voluntaria o involuntariamente nos infringió y que, a pesar del tiempo -precisamente por «resentirlo»-, sigue afectando nuestra vida poco o mucho. Desafortunadamente uno de los mayores obstáculos con que nos enfrentamos para ser felices y hacer felices a los demás es justamente no saber perdonar.

Vivir con resentimiento es como tener veneno por dentro; como cargar un inmenso costal a nuestras espaldas. Y como la mayoría no somos capaces de dar salida a la reacción emocional, esta ira reprimida causa severos males: ansiedad, cansancio, angustia, mal humor, incluso hasta enfermedades, ya que de una u otra forma somatizamos los sentimientos que no hemos procesado.

Pero lo más duro, lo más grave, es que proyectamos los efectos hacia otras personas, que por lo general son nuestros seres queridos: nos enojamos y les gritamos a nuestros hijos, esposo o amigos. Afectamos a aquellos que no tienen «vela en el entierro». Luego, el asunto se torna más profundo: estamos siempre de mal humor, nos quejamos de cualquier cosa, nos volvemos sarcásticas e hirientes, criticamos y todo nos parece mal.

Estos sentimientos que nos afligen y que no soltamos, semejan la siembra de una semilla que bajo la tierra crecerá y dará frutos. Así, estos sentimientos enterrados también darán frutos, pero serán de puro rencor y amargura.

Digamos que llenas una mochila de piedras y la llevas siempre a tu espalda. Cargarla todo el día es pesado, ¿no? Así es esto: dejar guardado aquel sentimiento sin procesarlo, sin aceptarlo, se queda en ti; y al experimentarlo una y otra vez, piensas que todo lo que te rodea es agresión.

¿Qué hacer entonces para evitar el resentimiento? Para empezar, es muy importante reconocer el sentimiento; es decir, identificar y verbalizar lo que sentiste ante la ofensa: entender qué fue lo que te molestó para poder expresarlo, ya sea en forma hablada o por escrito.

Luego habrá que analizar si la ofensa es realmente objetiva, o es algo subjetivo y que tú misma has creado. Lo principal es nunca quedarse con sentimientos negativos.

Un punto que se debe considerar es que el valor que le damos a la ofensa depende mucho más de nuestra respuesta personal que de su gravedad. En este sentido hay que utilizar la inteligencia para encontrar los motivos o razones del agresor, más que el dejarnos llevar por nuestras emociones.

Por ejemplo, una situación por la que han pasado muchas mujeres, y que se considera de las más difíciles de perdonar, es la infidelidad. En el momento en que te das cuenta de que tu esposo o novio te ha sido infiel te sientes enojada, ofendida, dolida, agredida. Si continúas te sentirás descalificada, insegura, tal vez devaluada. El proceso es muy duro de reconocer, pero llegar a lo más íntimo de tus sentimientos hará que le des el justo valor a la ofensa, y que el perdón sea posible.

Perdonar para vivir

Por otro lado, ¿qué es el perdón? Es aprender a vivir el presente con amor, sin rencores ni resentimientos. Se trata de una decisión personal para ver más allá de la ofensa y ser capaz de comprender y ser compasivo con el otro. Por supuesto, lleva su tiempo y es un proceso que se va dando poco a poco. Pero ante todo, es una actitud personal donde se elige mirar al otro sin juzgarlo, algo que se convierte en una forma de vida.

Perdonar nos convertirá de víctimas a mujeres capaces de relacionarnos de manera clara, compasiva y comprensiva. Por eso encontramos personas felices que viven en paz con los demás y otras que van por la vida llenas de rencores y resentimientos hacia quienes la rodean.

Esto no es perdonar...

Dada la posibilidad de confusión, debemos distinguir el perdón de la aceptación de ciertas acciones. Es decir, perdonar no es:

1. Justificar comportamientos ajenos: «Es alcohólico porque...»; «no trabaja porque...»; «me pega porque...». Si justificamos podemos cometer el error de aprobar o defender una conducta destructiva.

2. Hacer como que todo va bien, cuando se siente que no es así: «Prefiero no reclamar o decir que algo anda mal en nuestra relación...».

3. Adoptar una actitud de superioridad hacia el otro: «¡Pobrecito!», «¡no entiende lo que hace!».

4. No tomar acción: «Mi marido es descuidado con el dinero de la familia». Evidentemente se podrá perdonar, pero no implica que no se le deba exigir un cambio.

Como se ve, la acción de perdonar implica reflexión, comprensión y voluntad. Lo interesante es que si queremos perdonar a alguien, no es necesario decírselo; podemos hacerlo internamente, basta con que lo deseemos. Incluso podemos perdonar a una persona que ya murió.

De ahí la importancia de saber perdonar, porque son muchos los beneficios que esta acción nos concede. Sin duda es un regalo que nos damos, ya que al hacerlo mejoramos nuestra salud física, nuestra paz y nuestro crecimiento interior. Nos abrimos al amor en tanto descubrimos y experimentamos que el perdón es el verdadero poder que lo resucita.

Perdón a uno mismo

No puedo dejar de insistir en otro punto fundamental: la relevancia de que, en primer lugar, sepamos perdonarnos a nosotras mismas; que aceptemos nuestros errores y defectos, logremos alejarnos de las culpas y reconozcamos que como seres humanos nos equivocamos mucho más seguido de lo que nos gustaría o de lo que llegamos a identificar.

Quizá sea más claro este tema a través del siguiente pensamiento de María Esther Erosa[1]:

> Yo me perdono a mí misma por haber permitido que me ofenda tu actitud.
>
> Yo me perdono a mí misma por haberme sentido pisoteada, humillada, devaluada, usada, explotada por tus actitudes y

tus palabras que no eran más que el resultado de tus propios problemas y que me afectaron por mi inseguridad.

Yo me perdono a mí misma por haberme puesto de tapete y permitir que otros vivieran mi vida.

Yo me perdono a mí misma por mi falta de seguridad y de valor para defender mis derechos.

Yo me perdono a mí misma por haber dejado las riendas de mi vida en manos de todo el mundo, permitiendo que me afectaran los problemas y opiniones de los demás.

Yo me perdono a mí misma por albergar sentimientos de rencor, odio y culpa, olvidándome de amar, e impidiendo así mi crecimiento espiritual.

Yo me perdono, principalmente, porque todos los errores que he cometido fueron por ignorancia, inmadurez, equivocación, juventud, debilidad o por inexperiencia.

Yo me perdono a mí misma y soy libre.

Haz un alto en tu vida y piensa por qué debes perdonarte y a qué persona o personas no has logrado perdonar. Libérate de ese enorme costal, de ese veneno que te impide vivir en paz y en armonía. Recuerda, no necesitas del otro para perdonar. Para perdonar basta contigo misma.

Para reflexionar:

1. ¿En este momento vivo con algún resentimiento? Es decir, ¿recuerdo constantemente alguna ofensa que recibí hace poco o mucho tiempo?

2. ¿Me cuesta trabajo perdonar estas ofensas?

3. ¿A qué persona o personas tengo que perdonar en este momento?

4. ¿Hay acontecimientos de mi vida que no me perdono?

5. ¿Qué tengo que perdonarme a mí misma?

6. ¿Qué voy a hacer para lograrlo?

Porque el tiempo es oro | 04

Bien dicen que «la administración del tiempo es la administración de uno mismo». Y es que el tiempo debe estar a nuestro servicio y no que seamos nosotros quienes nos dejemos envolver y esclavizar por él. Constantemente decimos o escuchamos: no tengo tiempo, no me alcanza el tiempo, el tiempo vuela, se nos viene el tiempo encima, etcétera.

Pero en realidad no reflexionamos al respecto. La mejor definición, si bien no la más clara referente al tiempo, sigue siendo la antiquísima de Aristóteles (Metafísica, IV, 11): El tiempo es «La medida del movimiento según el antes y el después»; donde la palabra movimiento equivale a cambio. Y todo lo que cambia se mueve. El tiempo es, pues, la dimensión del cambio. Si nada cambiara, no habría tiempo. De modo que el tiempo no existe por sí mismo, ya que es una simple medida.

Sin embargo, para el ser humano el tiempo es fundamental, y organizarlo es el arte de hacer que sirva para el beneficio de todos. Estoy convencida de que el uso del tiempo es reflejo de la personalidad de toda mujer. Malgastarlo es malgastar su vida.

Como mencioné al principio del libro, hay personas que sienten que el día las vivió y que no lo vivieron ellas mismas libre y conscientemente.

En definitiva, mi amiga no decidió qué hacer, sino que permitió que las circunstancias y otras personas determinaran las acciones de su vida. ¿Te pasa lo mismo?

Todos disponemos de exactamente 24 horas al día, 168 en una semana y 8,736 en un año. No más, no menos. De igual modo, el tiempo transcurre a un ritmo matemáticamente uniforme y parejo. Es un hecho: a nadie se le echa encima y nunca se pone a volar, pero tampoco se recupera.

Imagina que cada día dispones de $1,440, cantidad que debes gastar bien ya que no es acumulable y si se gasta mal ya no hay la posibilidad de recobrarla. Pues tienes cada día 1,440 minutos que debes utilizar de la mejor manera posible, ya que no se recuperan ni se acumulan. El aprovechamiento del tiempo es el proceso de administrar ordenadamente lo que hacemos en ese paquete de 168 horas por semana, de 1,440 minutos por día.

Para aprovechar el tiempo es necesario tener una idea clara de lo que significa y, sobre todo, darle un gran valor. Aquellos que con mayor facilidad lo pierden, suelen no darle importancia.

En la práctica no es tan fácil aprovechar el tiempo y las razones son diversas.

Obstáculos

Existen factores externos e internos que nos hacen perder el tiempo. Entre los externos se cuentan los involuntarios como las emergencias, las interrupciones o las visitas inesperadas. Es fácil evidenciarlo cuando tienes una cita muy importante a las diez de la mañana. Te levantas con suficiente tiempo para que tus hijos se arreglen, desayunen y junto con tu esposo salgan a la escuela y al trabajo. Son las nueve y estás a media hora del lugar de la cita. Aún tienes tiempo. Pero en ese momento suena el teléfono. Es tu mamá que quiere que la acompañes al doctor por la tarde. Cuelgas y, en seguida, tocan a tu puerta; es el gas que en ese preciso instante debes recibir. Al salir te encuentras con tu vecina que te comenta sobre un problema en el edificio. Pasa el tiempo y, cuando te das cuenta, ya solo faltan veinte minutos para tu importante cita. Seguramente llegarás tarde.

Estos son factores externos, ajenos a ti pero que debes aprender a manejar.

Los factores internos están bajo tu dominio. En este rubro ubicamos aquellos que se presentan por nuestra forma de ser y que podemos cambiar. Un ejemplo es el no saber decir no.

Nos cuesta muchísimo trabajo decir esta palabra y nos comprometemos a cosas que sabemos que no podremos cumplir.

Otro ejemplo es cuando cometemos el error de pasar largos ratos hablando y pensando poco; de gastar nuestra energía en cosas sin intención, propósito ni objetivo claro. En resumen, de confundir lo urgente con lo importante. ¿Te sucede esto con frecuencia?

Si deseamos aprovechar mejor cada minuto y cada día, el primer paso es analizar dónde se desperdicia el tiempo, qué problemas existen y cuáles son sus causas.

Días planeados

Para aprovechar el día, hay que planear. En este asunto, hay que coordinar todas las actividades que debemos cubrir con el tiempo de que disponemos. ¿Te has dado cuenta de todo lo que se avanza si sabes qué hay que hacer en cada momento? Es más, podríamos afirmar que esto es lo esencial. Sin duda, una hora de planeación puede ahorrar muchas horas de trabajo inútil y de crisis.

Tener el día distribuido, con un plan concreto, es una de las metas que debes lograr. A esto se le llama horario y, ante todo, debe ser realista, actual, flexible para adaptarse a los imprevistos y personal; es decir, tuyo y de nadie más. Al final de este capítulo incluyo el ejemplo de un horario que seguramente te ayudará.

El horario es una herramienta difícil de seguir porque la percibimos como una imposición. Entonces, hay que tener claro que nos estamos comprometiendo voluntariamente.

Una vez decidido, hay que cumplirlo sin pretextos, como si eso fuera lo único importante en el mundo. Ten presente lo que afirmaron dos grandes escritores y filósofos franceses:

«El futuro nos tortura y el pasado nos encadena. He aquí porque se nos escapa el presente».

Gustave Flaubert (1821-1880):

«Los niños no tienen pasado ni futuro, por eso gozan el presente, cosa que rara vez nos ocurre a nosotros».

Jean de la Bruyere (1533-1592):

Conforme vayamos avanzando, si vemos que el tiempo no nos alcanza, evitemos empezar varias cosas a la vez, porque seguirán apareciendo más y seguramente no las terminaremos.

Por muy bueno que sea nuestro plan, este no funcionará si no se evalúa su desarrollo para detectar posibles fallas que se puedan rectificar. En síntesis, debes autoevaluarte, preguntarte si lo estás haciendo bien o si necesitas cambiar.

Para aprovechar al máximo

A continuación, te comparto algunas acciones que te podrían ayudar:

a) Horario

1. Elabora un horario personal con tus actividades cotidianas y variables.

2. Distingue entre las actividades urgentes (exigen atención inmediata) y las importantes (tienen que hacerse).

b) Agenda

1. Lleva una agenda diaria, por escrito o electrónica.

2. Al anotar una actividad, escribe las anteriores y posteriores a ella.

3. Planea la semana el domingo o el lunes por la mañana.

4. Prevé tus tiempos muertos (transporte, espera, etcétera), descansos y tiempo libre.

c) Delega

1. No quieras hacer todo tú sola, aprende a poner en manos de otros algunas actividades.

2. Revisa lo que delegaste.

d) Aprende a:

1. Decir no.

2. Ser puntual.

3. Decidir.

4. Traer contigo una libreta para anotar pendientes.

e) No olvides:

1. Poner fecha límite a tus metas.

2. Escribir tus objetivos y revisarlos periódicamente.

3. Vivir el presente.

Hazlo hoy

Es muy frecuente adoptar el mal hábito de posponer las cosas. A ello se le llama procrastinar, que en lenguaje popular equivale a dejarlo todo para el último minuto o bien «patear» la actividad para después.

Aplazar las actividades es una conducta que se aprende en el seno de la familia, y está comprobado que provoca que la persona aumente de peso, sea menos feliz y más pobre. Esto porque tanto hombres como mujeres posponen lo que tienen que hacer, con lo que se generan más estrés, no logran sus metas y alcanzan menos éxito.

Entre las personas que viven de esta manera, existen distintos grupos:

a) Amantes de las emociones fuertes, que son adictas a la euforia que les provoca cumplir con sus obligaciones cerca del plazo final.

b) Evitadores, que aplazan todo porque tienen miedo tanto a fracasar como a triunfar. Se perciben incapaces y temen constatarlo.

c) Indecisos, que se niegan a tomar acción y con eso piensan que se libran de la responsabilidad de asumir las consecuencias.

¿Te identificas con alguno de estos grupos? Si es así, el costo será muy alto. El primer impacto es en la salud, la cual se puede ver afectada en el sistema inmunológico, provocándote gripes y problemas gastrointestinales; otros efectos pueden ser insomnio y destrucción de relaciones personales y laborales, debido a que la falta de responsabilidad genera resentimiento y ruptura en los vínculos sociales. Si eres una mujer que pospone las cosas y tu vida está siendo afectada por ello, es importante que busques ayuda profesional para modificar tu conducta.

A tiempo

Mención especial merece el asunto de la puntualidad. Es cierto y lamentable, pero culturalmente somos impuntuales. En México estamos acostumbrados —incorrectamente— a que nos citen media hora antes de cualquier evento. Es más, de manera extraña solemos considerar a la persona que llega a tiempo como mal educada.

La puntualidad es un hábito y por lo tanto puede aprenderse y mejorarse, pero primero tenemos que estar convencidas de su valor. Hay quien afirma que la puntualidad o impuntualidad para una cita o actividad programada, se da a partir del interés que tengamos en la misma. Además de coincidir con ello, también me parece que la impuntualidad es una falta de respeto hacia los demás. Sobre este punto, alguien sabiamente me comentó: «Si llegas diez minutos tarde a una reunión y hay cuatro personas esperando, no solo fueron diez, sino cuarenta minutos los que te atrasaste».

Por supuesto hay factores ajenos a nosotras, como el tráfico, los accidentes, las lluvias, en fin... Sin embargo, también hay que reconocer que estas situaciones no son del diario y, en su caso, habría que anticiparse y prevenirlas.

Se habla de siete tipos de personas impuntuales. Identificar si pertenecemos a uno de ellos podría ayudar a modificar nuestras pautas:

a) El racionalizador: siempre se justifica y piensa que las otras personas son muy cuadradas por no esperar quince minutos más.

b) El productivo: dice que siempre tiene algo que hacer. Agenda muchos compromisos con poco tiempo de separación para parecer una persona ocupada.

c) El amante de las emociones fuertes: nunca se programa y le gusta la emoción de resolver todo a última hora.

d) El consentidor: acepta que tiene el mal hábito, pero no puede quitárselo.

e) El distraído: se le olvidan las citas, no sabe dónde deja el coche, se entretiene fácilmente. Anda en otro mundo.

f) El rebelde: no respeta el tiempo de los demás, por lo que a propósito llega tarde.

g) El evasivo: tiene poca autoestima, se devalúa él mismo y evade responsabilidades.

Algo interesante es preguntarse ¿qué esconde nuestra personalidad cuando somos impuntuales? Puede ser inseguridad; baja autoestima; el querer demostrar ante los demás que somos personas muy ocupadas; falta de interés hacia lo que hacemos; o un gran egoísmo o soberbia.

La puntualidad habla bien de la persona, ahora y siempre. La importancia de esta cualidad ha sido objeto de reflexión, como lo plasma la frase de Nicolás Boileau-Despréaux (siglo XVIII): «Procuro ser siempre muy puntual, pues he observado que los defectos de una persona se reflejan muy vivamente en la memoria de quien espera». Aprovechar cada instante en nuestras vidas amerita planear, tener un horario y ser puntuales. Los resultados te sorprenderán.

Tabla 1. Horario personal (mamá con niños pequeños)

	Lunes	Martes	Miércoles	Jueves	Viernes	Sábado	Domingo
6:00	Levantarse Desayuno						
7:00	Escuela niños Arreglo casa						
8:00	Transporte						
9:00 - 14:00	Trabajo						
14:00	Recoger niños Transporte						
15:00	Comida						

	Lunes	Martes	Miércoles	Jueves	Viernes	Sábado	Domingo
16:00	Tarea niños Casa						
17:00	Compras fuera de casa						
18:00	Regreso Descanso						
19:00	Baño niños Hacer cena						
20:00	Cena Dormir niños Descanso						
22:00	Acostarse						

Dinámica
Jerarquía de valores y la utilización de tiempo

1. Numera los valores de acuerdo al orden de importancia en tu vida:

    _____ Marido o novio

    _____ Espiritualidad

    _____ Familia (hijos, papás, abuelos)

    _____ Trabajo

    _____ Amigos (as)

    _____ Descanso

    _____ Trabajo social o ayuda a la comunidad

    _____ Tu persona (deporte, cursos, clases)

2. Llena el horario anterior conforme a tus actividades diarias.

3. Pinta de diferentes colores, según lo desees, dependiendo de si es tiempo dedicado a ti misma, a tu marido o novio, trabajo, hijos, descanso, etcétera.

4. Compara el orden de la instrucción número uno con los resultados de la instrucción número tres. Verás qué tan coherente es tu vida entre los valores que son importantes para ti, y a los que realmente le dedicas tiempo.

¿Vives como piensas? | 05

Recordarás el cuento de aquel rey que fue engañado:

> Era un rey vanidoso al cual unos tramposos sastres convencieron de hacerle un traje invisible para su desfile. Le dijeron que las telas eran mágicas y que solo los inteligentes podrían verlas. Cuando supuestamente el traje estaba terminado, obviamente ni el rey ni sus consejeros pudieron verlo, pero no queriendo verse como tontos, aparentaron lo contrario y comentaban que era un traje magnífico. Finalmente llegó el día del desfile, el rey pagó a los sastres una gran cantidad de dinero y éstos se retiraron felices. El rey se puso el traje invisible y comenzó a desfilar por el pueblo, hasta que una inocente niña gritó:
>
> —¡Está desnudo!, ¿cómo es que no se da cuenta?
>
> En ese momento el rey se avergonzó, se había percatado de la gran farsa en la que había caído.

Es un sabio mensaje sobre la excesiva importancia que se da a lo que los demás opinan, al grado de llegar a traicionar el propio criterio y faltar a la verdad.

Esto sucede una y otra vez en nuestro entorno. Es cierto que las normas sociales y la aceptación son importantes. Por naturaleza buscamos ese reconocimiento y nos gusta sentirnos parte de un grupo; pero recordemos que primero están la integridad personal y la autenticidad.

Cuando alguien le concede un peso desmedido a la opinión pública, surge la presión social como una fuerza que influye en su comportamiento libre, empujándola a actuar de una manera distinta a la que se había propuesto.

Una mujer que no cambia con la presión social es una mujer sensata. En este sentido, la sensatez consiste en dar el significado adecuado a las cosas y ordenar debidamente la jerarquía de valores.

Vivir con sensatez significa tratar a todos por igual, sin importar la posición económica, el nivel social, la raza o las creencias; no sentirte superior a los demás, tal como lo manifestara Sócrates: «Yo solo sé, que no sé nada»; también, utilizar la palabra con mesura, expresarte con un lenguaje comprensible y adecuado a la ocasión; vestir acorde al momento y la circunstancia; adquirir, poseer y utilizar aquellos bienes que son necesarios, sin lujos inútiles o caprichos; comprar cosas de buena calidad, basándonos en su eficiencia pero no para demostrar una cierta posición económica; apreciar lo bueno, lo bello, lo natural; ser discretas; no caer en la ironía (burla fina y disimulada), la pedantería (aprovechar toda ocasión para exhibirse), y la hipocresía (actuar según convenga).

La persona sensata aprecia a los demás por lo que son y no por lo que tienen.

Antes de continuar, serviría de mucho que respondieras lo siguiente:

1. La forma en que educo a mis hijos ¿es la que me convence o es la forma en que los demás papás lo hacen?

2. ¿Mi relación con mi esposo o novio es sincera y abierta o aparentamos que nos llevamos bien frente a los otros?

3. La manera como trato a los demás, ¿es realmente mi forma de ser o me la paso aparentando ser más rica, más pobre, más inteligente, más simpática de lo que realmente soy?

Podría seguir enumerando preguntas sobre la forma de actuar, hablar y pensar, pero con tristeza concluiríamos que la mayoría de nuestros actos no van de acuerdo con nuestros principios.

Mujer auténtica

Una persona auténtica reconoce y acepta su propia realidad. Ambos aspectos son importantísimos. Quien reconoce su realidad pero no la acepta, vive quejándose o bien la disfraza.

Tu realidad abarca quién eres, con tus cualidades y defectos, tu familia y tu entorno: ¿Te aceptas y aceptas a tu familia tal como es, o vives pensando que ojalá fuera diferente? ¿Aceptas el nivel económico que tienes, o te la pasas día a día exigiendo a tus padres o esposo que te den más cosas, dinero, ropa? ¿Aceptas realmente el ambiente social y cultural en el que te mueves, o vives fingiendo que eres diferente?

Reconocer tu realidad es también aceptar lo que eres, lo que tienes y no vivir aparentando lo que no eres y lo que no tienes.

Hace unos años, en la ciudad de México, una tienda departamental llevó a cabo un estudio socioeconómico en una de las zonas residenciales de más alto nivel, para analizar la conveniencia de abrir una sucursal. Los resultados fueron reveladores: 60% de las familias que vivían ahí no tenían el suficiente ingreso para mantener su posición; es decir, no les alcanzaba para pagar las escuelas a las que asistían sus hijos, los centros comerciales les resultaban demasiado caros, debían la casa y los coches. Más de la mitad de esas familias vivían presionadas económicamente, pero les interesaba más vivir en esa zona residencial, ¿para qué? Para aparentar.

Conozco a un matrimonio cuyo objetivo al casarse era tener una buena casa, para lo cual ambos tenían que trabajar para pagar la hipoteca. Pasaron los años y ella no podía dejar de trabajar pues no les alcanzaba; por lo tanto tampoco había tiempo para tener hijos. Al final, la casa la ocupaban muy poco y la relación terminó en divorcio.

Otro caso es el de una familia, que al llegar el periodo de vacaciones, y al no poder ir a ningún lado, durante la noche apagaban las luces para que los vecinos creyeran que estaban fuera de la ciudad. Sin duda son situaciones absurdas, pero suceden.

Tenemos miedo de que nos conozcan tal como somos y cometemos un gravísimo error. Qué triste es que, a pesar de ser cada quien única en el mundo, luchemos incansablemente por ser iguales a las demás. Debemos valorarnos tal como somos y sentirnos orgullosas de nosotras mismas.

Vivir la autenticidad

Me gustaría compartir tres aspectos que nos pueden ayudar:

a) Ser auténtica de pensamiento significa estar convencida de lo que realizas. Se trata de ser congruente entre lo que se dice y lo que se piensa. Si estás con amigas que no respetan a sus maridos, dices no respetar al tuyo; si estás con mujeres que critican a los demás, tú también criticas; si en tu oficina se quejan del jefe, también lo haces. ¿Es esto estar convencida de lo que piensas?

b) Ser auténtica de voluntad quiere decir que lo que hagas en tu vida debe estar orientado hacia un fin. Que no se te pase el tiempo sin saber a dónde quieres llegar. ¿Quieres ser una gran esposa? Pues apoya a tu marido en todo momento, aunque te digan que de la crisis nadie va a salir; ¿quieres ser una gran mamá? Pues prepárate y dedícale tiempo a tus hijos, aunque te digan que está pasado de moda; ¿quieres ser una gran trabajadora? Pues afánate y que no te importe lo que digan los demás. Las personas que te quieren te aceptarán como eres y con lo que haces. La voluntad no auténtica conduce a la hipocresía, en la que según con quién estés utilizarás tal o cual máscara. Muchas veces al ser auténtica serás rechazada, pero es más importante y enriquecedor vivir de acuerdo a tus ideas.

c) Ser auténtica de sentimientos significa que estos sean compatibles con tu vida. Vivimos en un mundo que actúa emocionalmente: si me late, si lo siento, si se me antoja, lo hago; si no, no. Gran parte de nuestras decisiones están basadas en sentimientos y no en nuestro convencimiento. No debemos dejar que estos nos arrastren.

En resumen, ¿quién es una mujer auténtica? La que actúa, piensa, habla y se expresa de acuerdo con su ser, de acuerdo con lo que es en realidad. Una mujer es auténtica cuando su pensamiento, su voluntad y sus sentimientos también lo son.

Te invito a luchar por ser una mujer auténtica. Defiende tus ideales. Si estás convencida de algo, que nadie te haga dar un paso atrás. Los que cambian el mundo no son las personas que funcionan como veletas (que cambian con el viento), ni los hipócritas, ni los que se dejan llevar por sus sentimientos, sino los hombres y las mujeres auténticos.

Al mostrarnos tal y como somos, al no querer apantallar a los demás y aparentar lo que no existe, viviremos mucho más tranquilas y en paz con nosotras mismas. Seremos, en definitiva, mucho más felices.

No tengas miedo de ser como eres, vales mucho para ocultarlo. ¡Siéntete orgullosa de quién eres y trasciende! Sé valiente y decídete a vivir como una mujer auténtica. Vale la pena, ¡de verdad lo vale!

II
Mujer como esposa

Hombre y mujer: ¿iguales o diferentes? | 06

¿Cuáles son las principales semejanzas y diferencias entre el hombre y la mujer?, ¿de qué manera pueden enriquecerse mutuamente, en especial a través de lo que los distingue?

El hombre y la mujer tenemos la misma dignidad; somos dos caras de una única moneda que es el ser humano. Por lo tanto, es importante dejar de equiparar el significado de diferente con calificativos como mejor o peor. Y es que la persona existe de dos modos: el femenino y el masculino.

¿Por qué es importante reconocer estas diferencias? Simplemente porque la convivencia entre hombres y mujeres se da en todo momento: en la familia, en el trabajo, en la sociedad, lo que obliga a buscar armonía en dichas relaciones. Cada día comprobamos que los hombres y las mujeres se comunican en forma diferente; pero, además piensan, sienten, perciben, reaccionan, aman, necesitan y valoran de modo particular.

A continuación expongo algunos rasgos que se presentan con más frecuencia en el hombre y en la mujer. Por supuesto, estas características son generalizaciones que pueden o no darse, ya que todos somos individuos con experiencias únicas, pero también nos influye un determinado grupo social.

Iniciemos con el aspecto físico: la constitución del hombre es más fuerte, mientras que las mujeres estamos sujetas a variaciones producidas por nuestras hormonas. Los hombres padecen más de calvicie porque la testosterona produce mayor cantidad de glándulas sebáceas que provocan la caída del cabello, en tanto que el de las mujeres es más grueso y resistente. El tono de voz es más agudo en nosotras, ya que nuestras cuerdas vocales son más cortas. En cuanto a los sentidos del olfato, gusto y tacto, las mujeres tenemos mayor sensibilidad.

Ser mujer supone estar más lejos de padecer estrés, pues el organismo femenino segrega menos adrenalina; en general, nuestra tensión es más baja; y soportamos menos el alcohol, ya que la enzima que lo degrada es dos veces menos activa que en el organismo masculino. Sobre las reacciones sexuales, en el hombre son más impulsivas que en la mujer, pero en esta son más profundas.

Otra diferencia importante es el cerebro, cuyo estudio ha avanzado notablemente en los últimos años con resultados impactantes, como lo afirma la doctora en medicina y neuropsiquiatra, Louann Brizendine, en su libro *El cerebro femenino*[1]:

> Los cerebros masculino y femenino son diferentes por naturaleza. Pensad en esto. ¿Qué ocurre si el centro de comunicaciones es mayor en un cerebro que en otro? ¿Qué, si el centro de la memoria emocional es mayor en uno que en otro? ¿Qué, si el cerebro desarrolla una mayor aptitud para captar indicios en los demás que la que posee el otro cerebro? En este caso, nos encontraríamos ante una persona cuya realidad dictaría que sus valores primarios fueran la comunicación, la conexión, la sensibilidad emocional y la reactividad. En síntesis tendríamos a alguien dotado de un cerebro femenino.

Basta observar los juegos de los pequeños: las niñas forman grupos de dos o tres, se turnan y rara vez hay una ganadora y una perdedora; en cambio, los niños prefieren grupos grandes, por lo general compitiendo entre sí y normalmente el juego no termina si no hay un ganador.

Partiendo de estos datos, existen algunas diferencias psicológicas que presentamos en la vida diaria:

a) Motivación: lo que mueve a las mujeres está principalmente vinculado con su vida afectiva, como mantener en buen estado las relaciones con los demás. Una mujer se siente bien en la medida en que las personas a quienes ama están bien. En contraste, los varones encuentran bienestar en lograr sus metas. Su motor está determinado, mayoritariamente, por alcanzar lo que se han propuesto.

b) Organización: lo femenino valora más el proceso; lo masculino, los objetivos. Para nosotras, las cosas se van dando poco a poco y tenemos una mayor capacidad de vivir cada etapa sin la urgencia del logro. Ellos no consideran relevante la evolución emocional: un hombre que entra a un supermercado irá únicamente por los productos que necesita, mientras que la mujer recorrerá todos los pasillos aunque solo deba comprar dos cosas.

c) Estructura: lo masculino separa, ordena; lo femenino reúne y junta. Podríamos decir que la forma en que piensan los hombres está estructurada en cajones o casilleros mentales, lo que les permite desligar más fácil y rápido; para la mujer es más difícil aislar. Esto lo vemos claramente cuando una mujer trabaja: en la oficina piensa en los hijos; y en casa, en el trabajo.

d) Concentración: el hombre tiende a ser monofocal, la mujer multifocal. Esto se explica en cómo ellos se concentran en una sola cosa, mientras que nosotras tenemos una mayor capacidad multitarea a nivel neurológico. Podemos ver televisión, contestar el teléfono y arreglar la casa; un hombre sentado frente al televisor solo realiza esta actividad.

e) Comunicación: la mujer resuelve los conflictos hablando; el hombre, en silencio. Esta es una de las diferencias más notorias, ya que se calcula que un varón emite aproximadamente 3,000 palabras durante un día, mientras que las mujeres rondamos ¡las 8,000! Los hombres hablan cuando tienen algo que decir, las mujeres lo hacemos todo el tiempo; para ellos conversar sobre cosas triviales es una pérdida de tiempo, para nosotras es la forma de resolver conflictos (aunque no siempre los podemos solucionar así).

f) Tiempos personales: este punto es sumamente importante, ya que por lo general a la mujer le cuesta trabajo dedicarse un espacio para descansar, divertirse o arreglarse pues suele estar acompañada por la culpa de dedicarse a los demás; el hombre es mucho más dado a brindar estos tiempos a su persona y gustos.

Conocer nuestras diferencias

Las evidencias son notorias en cuanto a las diferencias entre hombres y mujeres pero, ¿qué tanto las conocemos y aceptamos? En nuestros días celebramos que haya una gran cantidad de mujeres en el mercado laboral, pero inquieta que al ocupar puestos públicos o privados buscan parecerse a los hombres, haciendo a un lado sus propias cualidades.

Dado que vivimos en una sociedad cuyos mensajes y estereotipos respecto a la mujer están muy lejos de la realidad, es fundamental reorientar dichas apreciaciones. Por ejemplo, físicamente se le da valor a la mujer que es joven, tiene buen cuerpo, excelente salud y viste bien; intelectualmente, a la que cuenta con estudios, habla varios idiomas y es una reconocida ejecutiva. En el campo social se nos presenta como exitosa aquella que tiene múltiples compromisos, mucho dinero y pocos hijos. Se enaltece que su comportamiento sea frío, poco emotivo, controlado, calculador y sin ninguna creencia religiosa o espiritual. En esta imagen hay puntos que aclarar, y qué mejor que a través de la reflexión de la periodista y escritora española, Covadonga O´Shea, que plasma en su libro *Armonía Vital*[2]:

> La mujer no es cada mujer [...] estamos acostumbradas a la mujer-objeto, a la top-model, a la súper-mujer, y esto es una locura. Así como cada cerradura tiene su llave, cada

mujer tiene sus propias características y circunstancias [...] no debemos hacer caso a estas posturas [...] toda mujer es un ser personal e intransferible con cualidades propias [...] esto nos abrirá el verdadero paso por la vida [...] sin teorías ni estereotipos.

Cualidades femeninas

Debemos sentirnos orgullosas de ser mujeres, no hacer a un lado nuestra esencia ni mucho menos negar nuestras cualidades:

a) Feminidad: mostrar que eres mujer en el vestir, hablar y actuar. Es un error frecuente pensar que para ser más moderna se tiene que ser menos femenina. No puede ser más claro lo que hace poco escuché de una mujer:

—En la actualidad ya no existen los caballeros.

A lo que un hombre le respondió:

—Lo que ya no existe son las damas, ¡no nos permiten consentirlas y tratarlas como tales!

b) Comprensión: la mujer posee una gran empatía hacia los demás, sabe ponerse en su lugar y entender lo que está viviendo el otro.

c) Intuición: ese sexto sentido que nos indica cuando algo no está bien. Es la voz que nos hace decir: no me late, no lo creo, no me gusta.

d) Transmisión de valores: no en vano se afirma que el hogar es la mejor escuela, donde la mayoría de las tradiciones y costumbres familiares (fechas, aniversarios, vacaciones, festividades) son transmitidas de generación en generación, casi siempre por la mujer.

e) Atención a lo concreto: dirigirse más a lo profundo, al detalle.

f) Vida interior: la mujer posee una piedad profunda y sencilla que vive con sus seres queridos. No hace mucho escuché a un periodista norteamericano relatar el momento más peligroso que ha vivido al cubrir una guerra, durante el cual lo único que recordó y repitió fue la oración que su madre le había enseñado cuando niño.

g) Creatividad e ingenio: capacidad de presentar lo cotidiano, que muchas veces es aburrido y tedioso, con un toque de alegría y satisfacción.

h) Generosidad: al ser madre o esposa se antepone el «nosotros» al «yo», una especial entrega hacia los demás, tanto cercanos como lejanos.

i) Ternura: sabe consolar, abrazar, besar, dar cariño; sabe hacer de cuatro paredes un verdadero hogar.

j) Compromiso: la mujer pone su corazón en lo que hace.

k) Capacidad de escucha: ella no oye palabras, sino corazones.

l) Servicio: amor, disponibilidad, dedicación y entrega a los demás. Cada mujer tiene un propósito en su vida.

Por todo esto la mujer humaniza de manera natural los ambientes donde se desarrolla: la familia, la oficina, la escuela, etcétera. No debe negarse la posibilidad de imprimir ese toque por competir con los hombres y adoptar sus características.

Las mujeres nos caracterizamos por contar con el llamado «genio femenino» que Tomás Melendo, filósofo español, define claramente[3]:

> La delicada sensibilidad a las necesidades y requerimientos de los demás; como esa capacidad de mostrar el amor de un modo concreto; ese talento de descubrir a cada uno dentro

de la masa; a no olvidar que las personas son más importantes que las cosas.

También, las reflexiones de este gran pensador de nuestros días nos indican algo esencial al decir:

> La mujer hace despertar en el hombre cualidades que sin ella quedarían adormecidas, lo mismo que sin el amor masculino la feminidad no lograría su pleno desarrollo[4].

La sabiduría de estas palabras es enorme, ya que necesitamos la convivencia de hombres y mujeres para vivir y hacer crecer plenamente nuestras cualidades. No hay necesidad de compararnos o pensar en una superioridad, sino de aprovechar las diferencias, crecer juntos como personas y hacernos felices mutuamente.

Para resumir, te comparto un poema de Víctor Hugo que refleja el valor, tanto del hombre como de la mujer, quienes lejos de competir se complementan increíblemente.

El hombre y la mujer

El hombre es la más elevada de las criaturas;

la mujer el más sublime de los ideales.

El hombre es el cerebro, la mujer el corazón;

el cerebro fabrica la luz, el corazón el amor;

la luz fecunda, el amor resucita.

El hombre es fuerte por la razón;

la mujer es invencible por las lágrimas;

la razón convence, las lágrimas conmueven.

El hombre es capaz de todos los heroísmos;

la mujer de todos los martirios;

el heroísmo ennoblece, el martirio sublima.

El hombre es un código;

la mujer es un sagrario;

el código corrige, el evangelio perfecciona.

El hombre es un templo;

la mujer es un santuario;

ante el templo nos descubrimos, ante el santuario nos arrodillamos.

El hombre es un océano;

la mujer es un lago;

el océano tiene la perla que adorna, el lago la poesía que deslumbra.

El hombre es el águila que vuela;

la mujer el ruiseñor que canta;

volar es dominar el espacio, cantar es conquistar el alma.

En fin:

El hombre está donde termina la tierra,

la mujer donde comienza el cielo.

Comunicación: el reto de siempre | 07

Vivimos juntos, comemos juntos, dormimos juntos, pero ¡no nos comunicamos! ¿Te parece familiar? Terapeutas y psicólogos aseguran que hoy en día el principal problema de los matrimonios es la falta de comunicación. Y es que sin duda comunicarse es «todo un arte», porque supone entrar en contacto, entregarte al otro todos los días, penetrar en su mundo y permitir que te conozca tal y como eres.

Se trata de un proceso dinámico de intercambio de acciones, pensamientos y sentimientos. Es hacer común lo que uno tiene y lo que uno es; compartirse con el otro. Esto es realmente lo que le da valor a la unión entre un hombre y una mujer.

En su libro *¿Por qué temo decirte quién soy?*, John Powell explica claramente el miedo que tenemos de abrirnos con otra persona. El miedo hace que surjan pensamientos como: «Me descubro ante ti como realmente soy y tal vez no te guste», «tal vez me hieras en un futuro, por eso mejor no me abro»[1].

En el matrimonio no es fácil la comunicación, ya que cada persona es diferente: ha vivido experiencias particulares y cuenta con recuerdos, significados, puntos de vista y estilos de conversación distintos. Al escuchar debes aceptar lo que quiere decirte y no solo lo que quieres recibir; y cuando hablas, el otro debe acoger lo que le quieres decir.

Muchas de las dificultades que enfrentan las parejas de hoy en día podrían ser solucionadas si se escucharan claramente.

En numerosas rupturas son los malos entendidos los que llevan a la separación, y no propiamente las incompatibilidades.

Cabe aclarar que la comunicación no se limita a su función informativa. No se trata tan solo de esbozar: ¿Qué hiciste hoy? ¡Hace mucho calor! Tenemos que pagar la luz, etcétera. Es un proceso en el que cada uno debe transmitir lo que piensa y siente en realidad.

Obviamente no hay reglas escritas en la dinámica matrimonial. Cada pareja desarrolla su propio sistema de comunicación, que a ojos de otros podría parecer raro o curioso. Lo importante es que ambos estén conformes y felices con lo que establecieron de común acuerdo; si bien nunca deben perderse el respeto, la sinceridad y la prudencia. Por increíble que parezca, herimos más a quienes más amamos.

Para entablar la comunicación hay que encontrar las circunstancias adecuadas. En general, para un hombre la hora de llegada a casa después de una jornada larga de trabajo no es el mejor momento para tratar problemas o situaciones delicadas; lo mismo que para una mamá el tiempo en que los niños pequeños se bañan, cenan y se duermen no es el más conveniente para conversar.

En esta búsqueda de los mejores escenarios, también es importante identificar ciertas áreas de conflicto como:

—No expresar correctamente lo que queremos decirle al otro. No capto lo que me quieres decir o no me conviene entenderlo.

—Utilizar palabras incorrectas o desconocer la forma como nuestra pareja habla: fuerte o suave, rápida o lenta, poco o mucho.

—Ser ambiguas. No decimos las cosas directamente, le damos vueltas y queremos que el otro entienda. Las mujeres somos expertas en ser indirectas o poco claras.

—Ponerse a la defensiva. En lugar de afrontar lo que el otro me quiere decir, lo ataco y cambio de tema.

—Costumbre de preguntar. Las mujeres presentamos mucho más este estilo, los hombres lo hacen poco.

También hay que tener mucho cuidado con la comunicación no verbal, pues expresa mucho más que lo que decimos. Ejemplos de ello son no mirar a los ojos, brazos cruzados al escuchar, gestos agresivos, etcétera. Se ha estudiado que en toda conversación las palabras representan 10%, el tono de voz 20% y la postura, gestos, ademanes y arreglo, el 70% restante.

Problemas y discusiones

No hay matrimonios ni relaciones perfectas; es natural que surjan disputas, conflictos y diferencias. Lo importante es saber cómo afrontarlos. No le tengas miedo a estos momentos, más vale un problema solucionado a tiempo que muchos que ya no tienen remedio. Ten en cuenta que una crisis bien resuelta fortalece siempre la relación.

Recuerdo un marido que, después de quince años de casados, le avisó repentinamente a su esposa que se iba de la casa. Como si tuviera un álbum de fotos en la mano, le fue mostrando las diversas situaciones en las que él no estuvo de acuerdo. Lo único que ella respondió fue:

—¿Por qué no me lo dijiste antes?

No hay recetas ni fórmulas, pero algunas recomendaciones que pudieran ayudarte son:

—Evita discusiones si él o tú están muy alterados.

—Reflexiona y trata de ver el problema objetivamente.

—Elige un lugar libre de interrupciones, de preferencia en privado.

—Lleva siempre una actitud abierta para escuchar el otro punto de vista.

—Comunica mensajes propios y no culpes ni acuses a la otra parte.

—Encuentren soluciones en conjunto; es decir, lleguen a un acuerdo con el cual puedan vivir y estar dispuestos a asumir las implicaciones.

¿Se comunican?

¿Cuántos meses o años llevas con tu novio?, ¿cuántos años llevas de casada? Tal vez pienses que él es la persona a quien más conoces y que más te conoce. La realidad puede ser distinta. Recuerdo otra situación en la que diez matrimonios con varios años de casados asistieron a un curso. El responsable los dividió en dos grupos: hombres y mujeres. Pidió a cada persona que escribiera en un papel su mayor deseo en ese momento, sin decir su nombre. Tomó uno de los papeles anónimos de los hombres y lo leyó:

—Mi mayor deseo en este momento es tener unos pants.

La esposa inmediatamente respondió:

—Ese es mi marido, muere de ganas por comprar esos pantalones deportivos que vio.

A continuación leyó un papel anónimo de una mujer:

—Mi mayor deseo en este momento es tener un hijo.

Los diez maridos se miraron uno al otro, preguntando de quién sería ese deseo. ¡Imagínate!, después de muchos años de casados, viviendo y durmiendo juntos, uno de ellos no sabía que el mayor deseo de su esposa era ser madre.

Te puede parecer algo fuera de lo normal, pero sucede a menudo. Piensa cuál es el color favorito de tu pareja, su comida preferida, su mayor logro en la vida, su momento más difícil, y verás que habrá preguntas sin responder.

¿Cómo hacerlo?

Varios retos que deben superarse para lograr una comunicación efectiva son:

1. Escuchar vs. oír: escuchar implica prestar atención a lo que dice la otra persona, mostrar interés y hacerle sentir que es importante.

2. Tiempo para los dos vs. activismo: buscar un tiempo a solas para dialogar sin interrupciones. El exceso de actividades individuales hace que la pareja lleve vidas en paralelo, sin nada en común.

3. Apertura vs. individualismo: mostrarse uno al otro con sus sentimientos, pensamientos, expectativas, temores y anhelos. Es hacer a un lado el egoísmo.

4. Cultivo vs. rutina: no conformarnos con una comunicación informativa, sino hablar desde nuestro interior; compartir los sentimientos más profundos.

5. Espíritu de lucha vs. conformismo: la felicidad en el matrimonio no se da en forma automática ni instantánea, es el resultado de un proceso que implica esfuerzo y compromiso.

6. Confianza vs. temor: que sea la confianza quien domine nuestra relación, y no el miedo a ser rechazados o traicionados.

7. Intimidad vs. terceros: construir un «nosotros», evitando que padres, hijos, amigos o familiares interfieran en la buena comunicación.

¿Por qué discutimos?

Las áreas más sensibles de discusión y diferencias en una pareja son, en general, las familias políticas ¿vamos con la tuya o con la mía?; dinero ¿estamos gastando demasiado?, ¿sé lo que ganas y lo que gastas?; trabajo de uno o ambos ¿estás mucho tiempo en la oficina y descuidas a la familia?, ¿si los dos trabajamos, quien cuidará a los niños?; los hijos ¿cómo los educamos?; descanso los fines de semana ¿qué vamos a hacer el sábado?, ¿juntos o separados? Otros temas significativos son la intimidad conyugal, la vida diaria (orden, limpieza, horarios), desatenciones, trato con el otro sexo, amigos, violencias verbales y falta de apoyo en situaciones especiales, entre otras.

No quiero dejar de mencionar dos grandes enemigos de la comunicación, la televisión y las redes sociales. Está comprobado que gran número de matrimonios dejan de platicar por ver un programa o interactuar en la red. Viene a mi mente el caso de una mujer que se sentía desesperada porque su marido veía televisión constantemente y era imposible hablar con él. ¿Sabes que hizo? Consiguió una cámara de video y se grabó. Al día siguiente, su marido se sentó cómodamente para ver su programa favorito y ¡sorpresa! apareció su mujer informando lo que acontecía en el hogar. El marido sorprendido reclamó:

—¿Estás loca o qué?, ¿por qué ahora te grabas y me dices todo esto?

A lo que ella contestó:

—¡Solo si salgo en la televisión me haces caso!

Aunque insólito, hay muchos casos similares entre los matrimonios. Piensa si vives esta u otras situaciones.

¿Cómo debes sentirte?

Una buena comunicación debe ser confortable, relajada, abierta, atenta, amistosa y con estimación mutua. Busca marcos de referencia común, actividades que les guste hacer a ambos, hablen de temas triviales y, ante todo, diviértanse y gocen de la vida juntos.

Recordemos que en el matrimonio la comunicación es un medio indispensable para lograr que los esposos se sientan queridos, apoyados, tomados en cuenta y dispuestos a trabajar juntos, para crear así un ambiente positivo que favorezca tanto su propia felicidad, como al sano desarrollo de sus hijos.

Hay una frase del autor y periodista americano, Mignon McLaughlin, que demuestra el punto: «El verdadero éxito de un matrimonio consiste en enamorarse muchas veces... pero siempre de la misma persona».

Aunque tu esposo esté más gordito, un poco calvo y ronque, tú también estás o estarás más viejita y seguramente tendrás otros defectos. Recuerda que el amor no es un sentimiento sino un acto de la voluntad, es querer amar a tu pareja todos los días y comprobar cómo puede crecer la relación con el tiempo.

Cuestionario para ti y tu esposo:

Respondan, sinceramente y de manera personal con las opciones siguientes:

a) Casi siempre b) Raras veces c) Nunca

1. En las conversaciones, ¿expresas tus ideas como el otro quisiera?
2. Cuando tu esposo trata de explicarte algo, ¿le «pones palabras en la boca»; es decir, te adelantas a lo que quiere explicarte?
3. ¿Te es difícil hablar con otras personas?
4. ¿Te cuesta expresar tus ideas cuando son diferentes a las de los demás?

5. En una conversación, ¿tratas de ponerte en «los zapatos de la otra persona»; es decir, en su lugar?
6. Cuando platicas con tu cónyuge, ¿tiendes a hablar más que él (ella)?
7. ¿Estás consciente de la forma en que tu tono de voz puede afectar a otros?
8. ¿Qué tanto utilizas, con tu pareja, la comunicación no verbal: ademanes, gestos, etcétera?
9. ¿Te es difícil aceptar sus críticas positivas?
10. ¿Te incomoda mucho que alguien, especialmente tu pareja, esté en desacuerdo contigo?
11. Cuando surge un problema en tu matrimonio, ¿puedes discutirlo sin enojarte?
12. ¿Estás satisfecha con la manera en que arreglas las diferencias con los otros, principalmente con tu cónyuge?
13. Generalmente, ¿confías en las otras personas, particularmente en tu pareja?
14. En una conversación, ¿dejas que la otra persona, o tu esposa o esposo, termine de hablar antes de que interrumpas con tus opiniones?
15. ¿Tratas de captar el significado de lo que tu esposo o esposa te está diciendo?
16. ¿Muestras interés cuando te está hablando tu pareja?
17. ¿Cuáles son los principales problemas por los que discutes con él o ella?
18. ¿Qué necesitas decirle en estos momentos que no le has dicho?
19. ¿Qué necesitas mejorar en la comunicación con tu pareja?

Analicen sus respuestas, platiquen sobre su comunicación y establezcan metas concretas para mejorarla.

El camino del matrimonio | 08

No cabe duda de que la boda de un hombre y una mujer es solo el arranque de una unión que debe durar muchos años, y en ese tiempo ambos cambiarán, madurarán y vivirán momentos felices, pero también tristes y difíciles. Si se sabe crecer y aprender del otro, la experiencia es extraordinaria.

De ahí la importancia de estar conscientes de estos cambios, tanto para afrontarlos como para gozarlos. Es cierto, cada etapa del matrimonio tiene su encanto igual que sus complicaciones. Para abordar este tema, comparto contigo la clasificación que realizó Daniel J. Levinson[1], fundador en el campo de la psicología adulta, de acuerdo con la edad de los hijos y años de casados:

a) Desprendimiento: se da cuando se busca a la pareja. Hay atracción por cierta persona. Como dicen: «se da el flechazo». Se produce el enamoramiento aunque todavía no hay convivencia constante.

De celebrarse el matrimonio, se acepta y ofrece al compañero o compañera, y también se obtiene seguridad; se comparten intereses. Tras el compromiso para formar una familia, se establece un complemento biológico. De igual modo, surge una promesa de seguridad al dividir e intercambiar las actividades del trabajo y el hogar. Inicia una ayuda mutua para aprender los roles de cada uno, y un apoyo común ante la sociedad.

b) Encuentro (de uno a tres años de casados): etapa de adaptación a un nuevo estilo de vida con una persona a la que casi no se conoce. Empieza la convivencia (después de la boda y luna de miel). Hay un despojo de todo lo que tal vez se habían imaginado, tanto hombres como mujeres; sus expectativas no se ven cumplidas y se empieza a negociar. Se establece un tipo de contrato matrimonial con obligaciones, deberes, bienes y beneficios, el cual se puede dar en tres niveles: verbal consciente, consciente que no se exterioriza e inconsciente. La intimidad es muy frágil, ya que apenas se está creando. Hay un cambio en los mecanismos que les brindaron seguridad emocional y se integra un nuevo sistema. En este momento tiene que darse una separación de las familias de origen para crear la propia; es importante establecer límites con ellas. Los pleitos no se dan con frecuencia, ya que todavía no se establece el poder: quién hace o piensa las diversas responsabilidades y deberes en el matrimonio.

c) Los hijos (de tres a ocho años de casados): en esta etapa se vive la planeación familiar que abarca la reproducción, embarazos y partos; se da una reafirmación como pareja; y se aprenden los roles de papá y mamá. Los nuevos padres adquieren un anclaje de relación emocional con los niños y deben apoyarse mutuamente en esta tarea. Aquí es importante definir las labores del trabajo y del hogar. El trabajo físico es mayor, sobre todo para la mujer, y los hijos interfieren en los límites fijados. Para este momento la distribución del poder está más establecida y se puede presentar en tres formas: simétrico (democrático), complementario (uno manda y otro obedece) y paralelo (combinación de ambos, cada uno tiene su área de poder).

d) Adolescencia (de ocho a quince años de casados): pueden existir problemas emocionales tan serios como rivalidad del hijo con el padre, determinada actitud de la madre ante otras mujeres en la vida de sus hijos, o de los papás con sus hijas. Se va la juventud. Debe renovarse el contrato matrimonial, no de manera escrita sino verbal. Hay un cambio de funciones sexuales y se restablece el anclaje emocional. Es una época de seguridad emotiva y es necesario reestructurar la división de trabajos (se empiezan a cosechar los frutos). Se acepta que cada uno haga sus cosas, tenga metas individuales, forma de alcanzarlas, diferente madurez y realización personal. Se debe buscar la autorrealización con equilibrio. Este periodo es como la adolescencia del matrimonio, donde hay que prepararse para el futuro y buscar actividades en común. Puede ser una etapa de amenaza a la identificación de la pareja, ya que es posible que se vuelvan ajenos uno al otro; incluso llega a aparecer una tercera persona o la abdicación del trono a los hijos. La intimidad aumenta y es muy sincera. El poder funciona acopladamente de acuerdo al estilo definido anteriormente.

e) Reencuentro o síndrome del nido vacío (de quince a treinta años de casados): aparecen nuevos miembros en la familia: los hijos se casan y nacen los nietos. Se vive la muerte de la generación anterior, los padres o abuelos. Es la época de la jubilación. Declina la capacidad física de ambos. Hay conflicto con las nuevas generaciones; por ejemplo, pueden afectar los problemas económicos de los hijos y se debe aprender a dejar que ellos formen sus propias familias. Puede ser una etapa de crisis de la vida, en la que se comparan metas y objetivos alcanzados, aspiraciones y logros; por ello se debe trabajar a nivel personal. Puesto que los hijos se fueron, se reajustan los valores y surgen preguntas como ¿qué lugar ocupa él en mi vida?, ¿qué tenemos en común?, ¿qué espero de la vida? Entonces, es necesario trabajar en el valor de la pareja, en un apoyo mutuo, para que sigan siendo importantes el uno para el otro. También hay que establecer nuevas metas en el matrimonio y darse seguridad mutuamente. Debe existir un apoyo incondicional ante las dificultades de la edad: profundizar en lo interior más que en lo físico y dar apoyo en la jubilación. Los límites son estables y ambos se conocen muy bien. El poder está definido, aunque los hijos pueden interferir y causar conflicto.

f) Vejez (treinta años de casados en adelante): es la etapa más difícil de la existencia, pero al mismo tiempo la edad de oro, el momento de cosechar lo que se sembró en la vida y aceptar las propias capacidades y limitaciones. Se viven enfermedades, la muerte del cónyuge y la soledad. La intimidad es muy profunda y se necesitan el uno al otro; aunque ya no existe una intensidad sexual como antes, sí hay una compenetración total. En cuanto al poder, no hay conflicto; la pareja se adivina el pensamiento por lo bien que se conocen y entienden.

El amor

Cada etapa del matrimonio conlleva una serie de aprendizajes y de retos, y durante ellas, hombres y mujeres unidos en matrimonio viven distintos tipos de amor:

a) Amor físico: se refiere a los actos y actitudes relacionados con la sexualidad, que llevan a la procreación humana y la unión de los cónyuges. Este amor solo alcanza su integridad natural en el acto sexual.

b) Amor emocional: la convivencia de los esposos está basada en una comunidad afectiva, con detalles amables; por eso es necesario querer, saber expresar el amor y encontrar formas de profundizar en él.

c) Amor espiritual: se llega a esta tercera dimensión a partir de los dos anteriores. Se basa en la comprensión mutua, la integración de la inteligencia y de la voluntad en la unidad de ideales y la aceptación de los principios que han de guiar sus vidas.

d) Amor sobrenatural: habiendo experimentado los tres anteriores, los esposos no solo quieren ser felices en la tierra, sino también en la vida eterna.

Es un hecho que el amor en el matrimonio va adoptando distintas formas. El vínculo se fortalecerá en la medida en que se entiende lo que va sucediendo en cada etapa, se reconocen las fortalezas y debilidades de la pareja, y se mantiene el compromiso que voluntariamente se realizó en la boda.

Si estás casada, disfruta cada instante. Es posible que estés experimentando modificaciones en tu dinámica conyugal, que te llevan a querer tomar ciertas decisiones. Lo importante en este replanteamiento es no perder de vista que aun con los problemas y crisis que puedan surgir, el camino del matrimonio es una magnífica oportunidad para aprender y trascender.

El divorcio | 09

De acuerdo con su reporte *Indicadores sobre la situación conyugal de la población, matrimonios y divorcios ocurridos en México*, el Instituto Nacional de Estadística y Geografía (INEGI) señala que 15% de los matrimonios registrados en el 2010 terminaron en divorcio, lo que significa que entre los años del 2000 al 2010, los divorcios aumentaron más de 60%. Estos datos están lejos de demostrar lo que realmente sucede, ya que se estima que la mitad de de los matrimonios casados hace diez años ya están separados.

No podemos cerrar los ojos ante este fenómeno demográfico que está creciendo con gran intensidad, y menos ante sus repercusiones.

Con el divorcio pierden los cónyuges, los hijos y la sociedad. Perdemos todos. Es importante comentar que no es la solución a los matrimonios mal avenidos, sino el inicio de una vida diferente y tal vez más complicada. Si las parejas no tuvieran la posibilidad del divorcio, cuidarían mucho más su relación. Es interesante observar cómo en países como Estados Unidos y algunos de Europa, en que el tiempo para conceder el divorcio ha aumentado y la consultoría matrimonial es obligatoria, las tasas de divorcio han disminuido. Aunque la experiencia demuestra que el divorcio no reduce el número de matrimonios fracasados, sino que muchas veces los aumenta; la posibilidad de divorciarse alienta a las parejas con problemas, ya que se presenta como una opción.

Razones para el fracaso

Una de las causas más tristes por las que un matrimonio falla es que ninguno de los cónyuges reconoce el valor del vínculo hasta que ya es demasiado tarde. Solo se dan cuenta de lo mucho que han perdido después de firmar los papeles, repartir los bienes y vivir separados.

Dada su relevancia, me gustaría analizar más a fondo el porqué de estas rupturas. Cuando se le pregunta a una pareja las razones por las que ha decidido separarse, las explicaciones más frecuentes son:

La cosa no funcionaba. No nos entendemos. Él o ella ha cambiado mucho. No tenía espacio para mí mismo. Mi pareja me ahogaba. Somos demasiado diferentes y, por lo tanto, incompatibles. La vida de matrimonio es difícil y monótona. Esas y otras muchas razones suelen aparecer cuando un divorcio está por ocurrir.

Verdaderas causas

El escritor español Tomás Melendo, en su libro *La chispa del amor*[1], analiza las causas más recurrentes por las que se presenta una ruptura en la pareja:

a) Se busca solamente la propia realización: uno o ambos se casan considerando el matrimonio solo desde la perspectiva del yo, pese a que el matrimonio es un proyecto común y nuevo para ambos, que debe estar alejado de todo egoísmo.

b) Falta conocimiento recíproco: se casan muy jóvenes o después de un noviazgo demasiado corto, por lo que se tiende a idealizar a la persona. Al iniciar la vida en común surgen los problemas porque no conocen a fondo sus costumbres, educación, aspiraciones y metas; así como su carácter y formas de ser.

c) Expectativas exageradas: pensar que el noviazgo será para toda la vida, que el cónyuge es perfecto, que el matrimonio solucionará los propios problemas (familiares o sociales). También, que la nueva vida será igual a la que se tuvo en la soltería.

d) Poco tiempo para estar juntos: una de las causas más comunes es que la vida acelerada resta tiempo para convivir tranquilamente, dialogar, escucharse y amarse. Son matrimonios que pueden vivir uno al lado del otro, pero como extraños y llevando vidas paralelas.

e) Más hijo que esposo: cuando alguno o ambos cónyuges no ha logrado independizarse de su familia de origen, o la presencia de los suegros es autoritaria y poco respetuosa, se generan insatisfacción, molestia y pleitos. Al casarse, tanto hombre como mujer deben dejar a sus padres para unirse y amarse.

f) Falta de conciencia respecto a las diferencias con la pareja: es uno de los motivos más comunes y profundos de ruptura y significa lo poco que se conoce y se acepta al esposo en su dimensión de hombre o a la esposa en su esencia de mujer. Por eso, mencioné antes las diferencias que tenemos hombres y mujeres en cuanto a pensar, sentir y actuar.

g) Falta de comunicación: si no se cuida este aspecto, al cabo de un tiempo la comunicación se convierte en informativa y rutinaria, en tanto el intercambio de sentimientos y pensamientos se vuelve nulo y se llega al extremo de no tener nada en común.

h) Faltas de respeto: no existe el amor donde no hay respeto. Cuando en el matrimonio hay gritos, groserías y agresiones, la relación se deteriora de inmediato.

i) Situación económica: si no existe estabilidad económica en la vida familiar, o el dinero es un valor demasiado importante, puede ser una causa para que el matrimonio presente problemas serios.

j) Pérdida de confianza: los celos exagerados, la inseguridad y la desconfianza pueden volverse insoportables y culminar en una separación.

k) Rutina: uno de los peores enemigos de la vida conyugal es el hacer siempre lo mismo. El amor no puede ser estático: o va en aumento o disminuye.

l) No saber perdonar: para que un matrimonio perdure tiene que darse el perdón, situación que en muchas parejas parece difícil de realizar.

m) Abandono moral: ya sea por el trabajo, amigos, familia política u otras razones, si se desatiende por completo a la pareja habrá fricción. Puede suceder que físicamente estemos con él o con ella, pero mentalmente nos hallemos en otra parte, y eso provoca malestar. La indiferencia es algo muy doloroso, pero común en muchas parejas casadas.

Analizar todas las causas de un rompimiento conyugal sería ocioso, en tanto los motivos son muy diversos. Incluso, existen situaciones reales y muy difíciles que pueden hacer que una de la partes decida separarse de la otra. Entre ellas se ubica la violencia extrema en cualquiera de sus formas (física, verbal, emocional, económica o sexual), que impide la sana convivencia y además afecta considerablemente a los hijos. Otra puede ser el alcoholismo o drogadicción de uno de los cónyuges, que afecta gravemente a toda la familia. Asimismo, puede presentarse una situación de homosexualidad, por lo que la separación es totalmente válida.

Por último, una de las causas más tristes y comunes que cada vez sucede con mayor frecuencia en nuestra sociedad es la infidelidad, tanto de hombres como de mujeres. Esta situación la comparo con lo que ocurre con un jarrón de porcelana que, luego de haber sido cuidado durante años, un día se cae al piso y se rompe. En el mejor de los casos el jarrón podrá pegarse con grandes esfuerzos, pero jamás será como antes; y en el peor, se irá a la basura. Así sucede con la credibilidad, que requiere años de cultivo y tan solo en un minuto puede derrumbarse. No hay duda, la infidelidad es una traición a la confianza que te fue otorgada.

¿Qué hacer?

Si tu matrimonio anda mal, o no tan bien, es importante enfrentar la situación. Una infidelidad no soluciona nada, aunque te sientas sola o triste. Es mucho mejor hablar las cosas para tratar de solucionarlas a tiempo, que dejar que se vaya minando la relación. ¿Es posible perdonar una infidelidad? Depende de cada pareja. Si ambos quieren y están dispuestos, tanto a perdonar como a cambiar e iniciar de nuevo, la relación puede subsistir.

He visto muchos matrimonios que lo han logrado, varios con ayuda profesional. Si consideras que tu matrimonio vale la pena, en la mayoría de los casos puedes salvarlo. El camino del divorcio no es el único y sus consecuencias pueden ser muy graves.

Después del divorcio

Para empezar, la vida de ambos sufre cambios drásticos en diferentes áreas: físicamente se quedan solos, cada quien vive en un lugar diferente y las labores domésticas ya no se comparten; pueden aparecer enfermedades nuevas pues los sentimientos se somatizan.

En el aspecto económico, inicia la distribución de los bienes. Ahora hay que mantener dos lugares para vivir y en algunos casos la mujer tiene que regresar al trabajo, lo que representa tiempo substraído de la casa y la convivencia con sus hijos. Surgen las disputas por las pensiones mensuales.

Las consecuencias psicológicas son variadas, desde recuperar la autoestima y aceptar la pérdida del cónyuge y del matrimonio, hasta el sentimiento de culpa o de celos ante nuevas relaciones.

Es un hecho que la pareja que se separa experimenta cambios sociales drásticos, como el alejamiento de amigos y familia política; enfrentarse a la crítica, el «qué dirán»; y una vida con menos actividades y mayor soledad.

Sin embargo, las consecuencias más graves son para los hijos, quienes de un día para otro experimentan el estar menos tiempo con sus padres, aunado a sentimientos y situaciones que aparecen después de un divorcio: baja autoestima, culpa, decepción. Es sumamente importante que los padres que han decidido divorciarse lo hagan en una forma madura, sin utilizarlos como armas en el conflicto ni decirles mentiras o hacerles promesas falsas; deben tomar las decisiones más convenientes para ellos y actuar con responsabilidad frente a la resolución tomada.

Ante la crisis

Si estás pensando en divorciarte, te doy un consejo sencillo pero profundo: piénsalo dos veces. Es una decisión muy importante, que afectará a muchos de tus seres queridos. Si aún así estás decidida, hazlo de una manera madura y responsable; pero si encuentras que estás en una crisis y piensas que tu matrimonio tiene salvación, te comparto algunas acciones que pueden ayudarte a recomenzar:

1. Evita por todos los medios las ofensas de palabra, acción o gestos.

2. Resuelve los conflictos contigo misma.

3. Inventa motivos, proyectos o ilusiones que le den atractivo al matrimonio.

4. Aprende a callar cuando es necesario.

5. Revisa cómo están tus relaciones íntimas.

6. Trata de pulir con sentido del humor los detalles que hacen difícil la convivencia.

7. Aprende a dominarte en momentos difíciles.

8. Evita todo tipo de enfrentamientos directos.

9. No controles o vigiles a tu cónyuge.

10. Busca ayuda profesional.

Vale la pena luchar por rescatar lo que alguna vez fue un proyecto para toda la vida.

¿Juntos o casados? | 10

Recuerdo haber dicho, siendo adolescente, a una pareja muy querida el día que cumplieron 25 años de casados:

—Ustedes ya la hicieron.

Y cuando después de unos años se separaron, él me comentó con tristeza:

—En esta vida nunca puedes afirmar que ya lo lograste, siempre hay que seguir trabajando.

Tanto hombres como mujeres casados debemos preguntarnos: ¿estamos juntos o casados?, ¿duermo, como y vivo con alguien ajeno a mí?, ¿estoy casado pero no soy feliz?

«El matrimonio no es una lotería», escribió Rafael Navarrete en su libro *Para que tu matrimonio dure*[1]. Algunos hablan de su relación como quien cuenta una anécdota al comprar un billete de lotería: tuve la suerte o la mala suerte de casarme con... Pareciera que creen que la felicidad de la pareja depende de la buena estrella y alguien más traza el destino del matrimonio. En la mayoría de los casos, este será lo que los cónyuges, eficaz y responsablemente, quieran que sea.

¿Hacia adelante, o hacia atrás?

El amor no es estático, crece con el tiempo o puede disminuir. No es un simple sentimiento, es una realidad que impregna a toda la persona y viene de la necesidad que tenemos como seres humanos de amar y ser amados. ¿Puede acabarse el amor entre los esposos? Por supuesto que sí. Es más, el calor del hogar puede convertirse en incendio si no se cuida. El amor conyugal ha de redescubrirse, alimentarse, reinventarse y pulirse todos los días.

Hace unos años me encontré con una de mis ex alumnas. Al preguntarle sobre su vida supe que su matrimonio había durado solo seis meses.

—¿Qué fue lo que sucedió? —pregunté de inmediato.

Con toda la sinceridad, ella dijo:

—Después de unos meses ¡yo ya no sentía nada por él!

Y es que el amor es un acto de la voluntad; es levantarte todos los días y decirte a ti misma: ¡hoy quiero quererlo y lo voy a lograr!

Éxito en el matrimonio

Carl Rogers, psicólogo norteamericano, se preguntó, al final de su vida profesional como terapeuta de familia, por qué triunfan las parejas en su relación matrimonial. Redujo sus observaciones a cuatro puntos o actitudes:

a) Dedicación y entrega: «nos comprometemos mutuamente a trabajar juntos en el proceso cambiante de nuestra relación, porque enriquece actualmente nuestro amor y nuestra vida, y porque deseamos verla desarrollarse»[2]. Pregúntate sinceramente: ¿están comprometidos a trabajar para que su matrimonio sea mejor cada día?, ¿qué cambios has descubierto en tu pareja?, ¿los aceptas? ¿has cambiado tú?, ¿en qué y por qué?

b) Comunicación: «correré el riesgo de comunicar a mi compañero cualquier sentimiento persistente, bien sea positivo o negativo. Lo haré con toda la profundidad que el sentimiento adquiera en mi interior, como parte vital y actual de mi ser. En consecuencia, me arriesgaré también a comprender su respuesta; bien resulte acusadora y crítica o autoreveladora y comunicativa»[3]. Si guardas resentimientos y rencores, tarde o temprano van a salir, y lo más probable es que lo hagan agresivamente. De igual forma, al hacer una pregunta, debes aprender a aceptar la respuesta, aunque no sea la mejor para ti. ¿Eres sincera en tu forma de comunicarte?, ¿te arriesgas sabiendo que vale la pena?

c) La superación de los roles: «viviremos conforme a nuestras propias opciones, a las percepciones orgánicas más profundas de que seamos capaces; y no nos dejaremos moldear por los deseos, las normas, los roles y las expectativas que los demás desean imponernos tan apasionadamente»[4]. Solo tú y tu pareja deciden el rumbo de su vida. Puedes escuchar los consejos de tus padres, amigos, hermanos, pero la decisión final es solo de ustedes.

d) Crecer hacia un yo separado: «en una relación sana de pareja ninguno de los dos dirige sus pasos hacia el otro exclusivamente, como si el otro fuera su propia meta o el sentido único de su existencia; sería empequeñecerse como persona y errar en el camino»[5]. Considero esto de suma importancia para el éxito en el matrimonio, ser la media naranja ya quedó atrás, somos dos naranjas completas que tenemos un proyecto de vida en común. Conforme más crezca interiormente cada uno, y más se decidan a apoyarse, la pareja se enriquecerá. «Mientras más te separas del otro para ser tú misma, más grande es la posibilidad de una estabilidad sólida en vuestra vida de pareja. Un matrimonio estable no es el resultado de dos individuos que se necesitan ansiosamente, sino la decisión, ¡por amor!, de vivir juntos un hombre y una mujer que, individualmente, también se sienten fuertes y distintos por dentro»[6].

El matrimonio no está fuera de moda

Es frecuente escuchar cosas como: para qué te casas, mejor vive con él un tiempo; eso era para cuando las personas vivían poco, ahora es difícil estar con alguien por muchos años; ya no se acostumbra estar casado.

Estoy convencida de que el matrimonio sigue siendo un camino de felicidad para aquellos que deciden tomarlo. No quiero decir que sea el único, ya que hay quien decide vivir solo y logra una vida plena; pero estar casados es una experiencia de aprendizajes y crecimiento profundos.

Gracias a mis más de treinta años de matrimonio, identifico la vivencia con cuatro elementos:

a) Amor: sin él difícilmente se podría alcanzar la estabilidad matrimonial y familiar.

b) Comprensión: es fundamental que ambos cónyuges reciban la comprensión del otro, y en ambos tiene que existir una actitud de «ceder» para que la relación funcione.

c) Sacrificio: es renunciar, en numerosas ocasiones, a ciertos deseos; aunque generalmente se hace con gusto ya que brota del amor mutuo.

d) Diálogo: debe existir siempre y en todo momento. Tener buena disposición ayuda para empezar el diálogo con tu pareja: hablar y escuchar.

Pongamos al matrimonio de moda para que en un futuro nuestros jóvenes quieran formar una familia. Si logramos estabilidad y respeto en la pareja, no tengo la menor duda de que nuestros hijos crecerán más seguros, sanos y felices; lo que a su vez se reflejará en una sociedad más unida.

III
Mujer como madre

Cómo hablar y escuchar a tus hijos | 11

¡Nunca hemos estado tan comunicados, pero nunca tan alejados a la vez!, escuché decir a una especialista en tecnología al referirse a la familia. Es la contradicción de estos tiempos.

Al principio me pareció una afirmación exagerada, pero a medida que reflexioné me di cuenta de que tenía razón.

Te invito a ser muy sincera y responder: ¿qué tanto me comunico con mis hijos?, ¿conozco sus gustos, miedos, aspiraciones y preocupaciones? Tal vez habrá que reconocer una realidad cada vez más cercana: son mis hijos, los quiero mucho, pero son lejanos a mí.

Esto se puede resolver identificando el tipo de comunicación que hay en tu familia. Recordemos que es un proceso dinámico que practicamos todos los días para compartir ideas, sentimientos, pensamientos, emociones. Parece fácil, sin embargo se puede afirmar que 90% de los problemas familiares son por falta de una buena comunicación.

Ya sabemos que comunicar no es solo transmitir información, va mucho más allá de preguntar asuntos cotidianos: ¿cómo te fue hoy?, ¿qué hiciste?, mañana tienes que ir a...

La comunicación realmente es saber decirle al otro lo que piensas o sientes, y recibir de él aquello que siente o piensa.

Existen niveles de comunicación en las familias que pueden ayudarte a saber cómo se da en la tuya:

a) Nivel superficial: viven juntos pero no coinciden, ven televisión y no platican. Los temas que se tocan son banales, se preguntan cosas como ¿me llamó alguien por teléfono?, ¿hay mucho tráfico?, ¿hay refrescos? El papá trabaja todo el día, la mamá trabaja ya sea en la casa o fuera de ella y cada hijo anda por su lado. Falta unión.

b) Nivel intermedio: aparentemente están unidos, a veces comparten conversaciones, consejos y opiniones; pero no existe intimidad, cada quien está en su «parcela».

c) Nivel profundo: se vive en familia, comparten por lo menos una comida al día, hay reuniones familiares, se escuchan, se ayudan y se tienen confianza.

Ahora que sabes estos niveles, ¿en cuál está tu familia?

Tipos de familia

Pensemos en dos tipos de familia: una con buena comunicación y otra en la que no es adecuada. En la primera se comparten gustos, aficiones, pasatiempos y experiencias; tanto papás como hijos valoran lo que se cuentan entre ellos, hablan con calma y serenidad, escuchan con atención y todos opinan; están disponibles para los otros.

Ponen buena cara a los problemas. Ante un disgusto, la actitud es de «borrón y cuenta nueva»; si se tiene que corregir a uno de los hijos se hace a solas; existe confianza y se utilizan palabras como gracias y por favor. Algo muy importante es que son cariñosos entre sí.

¿Qué pasa en el segundo tipo de familia? Se acostumbran las burlas, gritos, muecas, insultos y caras largas; aparecen los reproches, los rencores, las ironías y las amenazas. Los papás recurren a los famosos sermones y las discusiones son frecuentes; se callan unos a otros. Es un lugar en que se dan los castigos físicos o morales; se habla con monosílabos: sí, no, quién sabe, tal vez.

En pocas palabras hay una gran indiferencia, una actitud de superioridad o, simplemente, escuchan solo lo que les conviene.

Quizá esto puede parecerte exagerado, ya que no hay familias perfectas; pero debemos ser conscientes como mamás y papás que la comunicación es una fuerza que acerca y une a los miembros de una familia. Lo importante es que en la familia es donde cada uno es aceptado y respetado tal como es y, en definitiva, si ese niño o adolescente vive un clima de confianza en su casa, tendrá una mayor seguridad en sí mismo y vivirá mucho más feliz.

¿Qué hacer?

Seguramente te preguntarás cómo puedes ayudar a que existan buen ambiente y comunicación. Para ello, te sugiero algunas cosas muy sencillas:

1. Respeto, amistad, ser naturales y sencillos entre todos.

2. Espíritu de servicio, adelantarse a las necesidades.

3. Complacer los gustos de los otros, con medida.

4. Animar al que está triste.

5. Hablar positivamente, evitando la crítica.

6. Que reinen el buen humor y la risa.

7. Celebrar las fiestas familiares, cumpleaños, aniversarios y logros.

8. Salir juntos a pasear o a divertirse.

9. Realizar juegos en familia.

10. Comer todos juntos por lo menos una vez al día.

11. Organizar momentos de reunión en familia.

12. Escribir o hablar por teléfono si se está fuera.

13. Reconocer lo que se hizo bien, alabar a tiempo.

¿Qué evitar?

Por el otro lado, debemos ser conscientes de de que ciertas acciones crean un ambiente hostil. Por ejemplo:

1. Comparaciones entre los hijos.

2. Ponerse como ejemplo.

3. Dar indicaciones a los hijos cuando están distraídos.

4. Estar siempre ocupados.

5. Ver televisión o escuchar la radio a la hora de la comida.

6. Ver televisión a todas horas del día.

Según su edad

Ahora bien, debemos partir de una realidad básica: cada hijo es diferente, por lo que debemos aceptarlo y respetarlo como tal; ayudarlo y exigirle de acuerdo con sus posibilidades, sexo, carácter, personalidad y etapa de vida. Es por ello que nuestra comunicación debe ir cambiando según su edad. Veamos algunos ejemplos prácticos de qué hacer conforme nuestros hijos van creciendo.

a) De dos años a los seis, que coincide con sus primeros años de escuela, preguntan prácticamente todo y observan mucho; por lo general son muy egoístas, les gusta llamar la atención, tienen una gran imaginación y necesitan mucho de la familia. En esta edad conviene aprovechar sus preguntas y motivarlos para darles seguridad; debemos darles órdenes y tareas sencillas, fáciles de cumplir. Es vital comunicarse con ellos por medio del juego y contarles cuentos e historias que les interesen y ayuden a su desarrollo.

b) Entre los seis y los diez años de edad empiezan a tener más amigos, su vida es más fantasía que realidad, los niños y las niñas se separan para jugar, son más estables y tranquilos y muchas veces se entretienen solos. La obediencia es muy importante en este periodo. En esta etapa conviene enseñarles a pensar antes de actuar, que empiecen a tomar pequeñas decisiones, si son tímidos debemos animarlos; son excelentes años para la formación de hábitos, para educarlos en el uso del dinero y, alrededor de los diez años, empezar con la educación sexual.

c) Entre los diez y los doce años empiezan a aparecer los primeros cambios físicos (la llamada prepubertad), que vienen acompañados también de cambios en sus estados de ánimo. Se vuelven más irritables y con modificaciones de humor; se encierran, guardan secretos, son egoístas, les gusta llamar la atención y se acentúa la diferencia entre los niños y las niñas. Como papás, es conveniente que exista una autoridad equilibrada, que estemos disponibles, que nos interesemos por sus gustos, por sus amigos y aprovechemos las pequeñas confidencias que nos hagan para estar cerca de ellos. Es importante que los animemos cuando realicen un trabajo bien hecho.

Entre hermanos

Algo que nos suele preocupar mucho a los papás es la relación entre hermanos: si se pelean mucho nos inquieta; si no se hacen caso, también. La buena comunicación entre hermanos es imprescindible para que el clima familiar se desarrolle no solo con normalidad, sino también con amistad. Las relaciones entre hermanos de cuatro a doce años de edad podrían clasificarse de divertidas, complejas y contradictorias: se ayudan para conseguir un permiso lo mismo que se pelean, son amigos y luego no. A veces las peleas entre hermanos en estas edades ayudan para que se conozcan a sí mismos, para que conozcan la inseguridad y desarrollen su personalidad frente a otros. Te recomiendo no intervenir y dejarlos, a menos que realmente se complique la situación.

Hijos adolescentes

Muchos papás le temen a la adolescencia, incluso quisieran que nunca llegara. Y es que es una etapa de muchos cambios, tanto físicos como psicológicos, que requieren atención. El adolescente se vuelve inseguro, busca ser aceptado por sus amigos y aunque los papás seguimos influyendo en ellos, ya no somos los más importantes en su vida. Debemos tener muy presente que la amistad crece en la adolescencia, y que esta relación de autoridad y disciplina que hemos tenido con nuestros hijos puede y debe cambiar. Ya son jóvenes con quien puede uno relacionarse más íntimamente.

Por ello, cuando a un adolescente se le pregunta a quién admira, la mayoría contesta que a los adultos que son coherentes en su vida y hacen lo que dicen.

Necesitamos tener prestigio ante nuestros hijos adolescentes, ser más sus amigos y tomarlos en serio. Evitar el solo ser útiles, para convertir nuestra relación en una más profunda: habrá que dar pero también recibir. Lograr que hagan lo que hacen con sus amigos: opinar, hablar, aconsejar. Especialmente, confiarle cosas de nosotras, ¿cómo queremos que nos cuenten sus preocupaciones o sueños, si nosotras jamás lo hacemos? La amistad debe ser recíproca y basarse en el amor y el respeto, teniendo muy presente su dignidad como personas.

Para mejorar la comunicación con tus hijos o hijas adolescentes, conviene dedicar tiempo sin prisas para hacer algo juntos, tratarlos con mucho cariño y respetar su intimidad; oriéntalos en su tiempo libre e invítalos a que se preocupen por los demás. Debemos tener muy claro que nuestros hijos adolescentes piden con voces silenciosas que les ayudemos a mejorar como personas; no debemos permitir que se conformen y se vuelvan flojos. Los adolescentes maduran a partir de la lucha personal, por lo que te comparto un consejo que me ha servido mucho:

A ti, mamá de un adolescente, te recomiendo observarlo mucho, corregirlo poco, y amarlo con todo el corazón.

Como madre

Dado que tu misión como madre es guiar a tus hijos a lo largo de su vida e irlos soltando poco a poco, piensa en tu papel de la siguiente forma:

En preescolar lo llevas en brazos,

durante la primaria lo jalas o empujas,

en secundaria y preparatoria caminas a su lado y

en la universidad o en su trabajo, lo apoyas en todo y avanza delante de ti

Acciones prácticas

Para comunicarte mejor con tus hijos, puedo sugerirte algunas ideas:

1. Comparte gustos, aficiones y pasatiempos.

2. Habla con serenidad, sin prisas ni atropellos.

3. Escucha con atención, no interrumpas, espera a que termine y después le das tu opinión.

4. Permite que todos opinen en tu casa, grandes y chicos.

5. Valora siempre lo que te cuenten, aunque a veces te parezca aburrido o sin importancia.

6. Trata de estar disponible cuando quieran platicar. Comparte experiencias personales.

7. Corrige a tu hijo o hija a solas, no frente a todos. No lo compares.

8. Cuando haya sucedido un problema o disgusto, soluciónalo y después no lo recuerdes más.

9. Sé sincera y cariñosa.

10. Confía en ellos.

11. Sé consciente de que lo más importante ante tus hijos es el ejemplo de los padres. Considera que las palabras convencen, el ejemplo arrastra.

Somos un equipo

No olvides que la falta de comunicación provoca en nuestros hijos aislamiento y separación. Los hace sentirse incómodos, inseguros y les impide desarrollarse normalmente. Si tratas de vivir una buena comunicación con ellos, estarán más cerca de ti y se sentirán comprendidos y tranquilos. En definitiva, esta sensación provocará un clima de confianza que hará que tú y los tuyos vivan integrados. Me gusta mucho comparar la unión que debe existir en la familia con la dinámica de un equipo deportivo donde:

- Entrenan en un lugar acogedor que invita a la convivencia.
- Existen intereses, objetivos y metas en común.
- Hay un líder o un capitán del equipo.

- Existe disciplina y autoridad: reglas, estrategias, horario.
- Si un miembro del equipo presenta un problema, todos lo apoyan.
- Hay buena comunicación entre el líder y los integrantes.
- Se realizan sacrificios para lograr los objetivos comunes.
- Todos tienen que entrenar para jugar bien.
- Pierden o ganan juntos.
- Portan un mismo uniforme.
- Se respetan unos a otros.
- Se dan ánimo entre sí.
- Existe un ideal interior que se comparte.
- Y, sobre todo, existe amor.

¿Podrías decir que tu familia vive con el espíritu de un equipo deportivo?

Para concluir, veamos la siguiente reflexión de un autor anónimo:

A mis padres:

No me des todo lo que pida; a veces yo solo pido para ver cuánto puedo obtener.

No me des siempre órdenes; si me pidieras las cosas con cariño, yo las haría más rápido y con más gusto.

Cumple las promesas buenas o malas; si me ofreces un premio, dámelo... también un castigo si me lo merezco.

No me compares con nadie, especialmente con mi hermano o mi hermana; si tú me haces lucir peor que los demás, entonces seré yo quien sufra.

No corrijas mis faltas delante de nadie; enséñame a mejorar cuando estemos solos.

No me grites; te respeto menos cuando lo haces, me enseñas a gritar también a mí y no quiero hacerlo.

Déjame valerme por mí mismo; si tú haces todo por mí yo nunca aprenderé.

No digas mentiras delante de mí, ni me pidas que las diga por ti, aunque sea para sacarte de un apuro; me haces sentir mal y perder la fe en lo que dices.

Cuando yo hago algo mal, no me exijas que te diga el por qué, pues a veces ni yo mismo lo sé.

Cuando estés equivocado en algo, admítelo para que crezca la opinión que yo tengo de ti, y así me enseñarás a admitir mis equivocaciones.

Trátame con la misma amabilidad y cordialidad con la que tratas a tus amigos; ya que aunque seamos familia, podemos ser amigos también.

No me digas que haga una cosa que tú no haces; yo aprenderé y haré siempre lo que tú hagas, aunque no lo digas, pero nunca lo que tú digas y no hagas.

Enséñame a conocer y amar a Dios; pero de nada vale si yo veo que tú ni lo conoces, ni lo amas.

Cuando te cuente un problema mío, no me digas: «No tengo tiempo para boberías» o «Eso no tiene importancia»; trata de comprender y ayudarme.

Quiéreme mucho y dímelo; a mí me gusta oírlo, aunque tú creas que no es necesario que me lo digas.

Los valores se enseñan solamente si se viven | 12

Con mucha frecuencia escuchamos frases como: «la situación está difícil», «me cuesta un gran esfuerzo», «siento que me equivoco», «¿dónde están nuestra fuerza y confianza?».

Son tiempos en que nos preguntamos por nuestro futuro y el de nuestros hijos. También nos interesan asuntos como el trabajo, la economía y la salud, entre otras cosas; aunque la preocupación que predomina es la pérdida o crisis de valores.

Para empezar, analicemos qué son los valores y por qué son importantes en nuestra familia y, por ende, en todo nuestro entorno. Así, un valor:

—Contribuye al desarrollo, realización y superación del hombre.

—Da sentido a la vida del individuo y de los pueblos.

—Orienta el proyecto de vida de una persona.

—Su vivencia permite al ser humano la conquista de su identidad y de su verdadera naturaleza.

Los valores son fundamentales y necesarios; sin embargo, están en crisis. Encontramos a muchas personas incapaces de amar, que no encuentran sentido a su vida o, simplemente, permiten que no las respeten.

Hay valores que se ven y otros que no se ven. Del primer tipo son los económicos, los físicos y los estéticos; los del segundo están relacionados con la moral y la espiritualidad. Conocerlos es descubrirlos para vivirlos plenamente y que no sean un mero discurso ajeno a la realidad.

Los valores económicos

Pensar cómo vives y se viven en tu familia los valores económicos es importante: ¿Le das el justo valor al dinero, o vives apegada a él?, ¿tratas a las personas de acuerdo a su situación económica? Recuerda que el dinero solo es un medio, y si tienes la fortuna de contar con una posición acomodada, es tu responsabilidad dar al que menos posee.

Los valores físicos

Este rubro se refiere a nuestro cuerpo, al cual debemos cuidar, asear, nutrir y ejercitar: es decir, mantenerlo en las mejores condiciones de salud y de descanso.

En la vivencia del valor físico hay extremos: encontramos mujeres que viven obsesionadas por su cuerpo; dedican largas y extenuantes horas al ejercicio; siguen constantemente dietas y tratamientos drásticos para verse más jóvenes. En contraste, hay otras que no se preocupan por su físico: no visitan al médico, padecen obesidad, comen mal, no hacen ejercicio y su aspecto suele estar descuidado. Bien dicen que todo extremo es malo, por eso debemos procurar el equilibrio. En este caso, debemos dedicar el tiempo y los recursos necesarios para alimentarnos adecuadamente, hacer ejercicio, visitar al médico y lograr que nuestra apariencia sea agradable y sana.

México ocupa uno de los primeros lugares en obesidad a nivel mundial, de acuerdo a la Organización Mundial de la Salud (OMS); vivimos casos de anorexia y bulimia (desórdenes de la alimentación) que llevan a muchas mujeres, sobre todo jovencitas, a obsesionarse con su peso; adicionalmente, adicciones como el cigarro, el alcohol y las drogas aumentan.

Se ha perdido el respeto por el valor de cuerpo. Los jóvenes inician su actividad sexual a una edad cada vez más temprana, anteponiendo el placer al verdadero amor y exponiéndose a riesgos físicos y psicológicos. No digamos la dinámica de algunas parejas casadas, que mantienen relaciones extramaritales con más frecuencia, lo que termina con muchos matrimonios. Como somos seres sexuados tanto en cuerpo como en espíritu, toda relación sexual debe darse en un marco de amor y, sobre todo, respeto.

¿Qué valor le das a tu cuerpo, a tu salud y a tu sexualidad?, ¿qué tanto estás educando a tus hijos en el cuidado y respeto hacia su organismo?, ¿cuánto se valora la fidelidad en tu hogar? Recuerda que solo tenemos un cuerpo y de su cuidado dependerá nuestra vida.

Los valores estéticos

Son los relativos al arte y a la belleza, al interés por la expresión artística, e incluso a la presentación de la persona y del ambiente.

Hemos abusado de la naturaleza y estamos sufriendo las consecuencias: escasez de agua, contaminación, cambio climático y desastres naturales. No damos un lugar en nuestra vida a la cultura, que recuerdo que alguien definió como «aquello que se queda después de que has olvidado todo». Y ni hablar de nuestro comportamiento, cuando hay mujeres que descuidan su aspecto y se expresan con un lenguaje vulgar o limitado en vocabulario.

¿Qué importancia le das a la cultura en tu familia?, ¿qué tiempo le dedicas a visitar museos y obras de arte?, ¿cuánto cuidas la naturaleza? Debemos educar y educarnos para saber apreciar lo bello que tenemos a nuestro alrededor.

Dichos los valores que se ven, entre los no visibles se encuentran los intelectuales, los afectivo-sociales, los sociales, los religiosos y los morales.

Los valores intelectuales

Consisten en acercarse a la ciencia, al estudio, a la lectura y a la preparación continua, tanto personalmente como en lo colectivo. Lo mejor que podemos hacer para superarnos es leer, estudiar y prepararnos todos los días. También, la mejor herencia que podemos dejar a nuestros hijos son sus estudios y el interés por querer aprender siempre algo nuevo.

¿Lees?, ¿qué lees?, ¿te estás preparando o estudiando algo?, ¿apoyas a tus hijos para que continúen preparándose o permites que abandonen sus estudios?, ¿qué importancia le da tu familia a los valores intelectuales?

Los valores afectivo-sociales

Estos valores nos dan sentido de pertenencia y manifiestan interés por los demás, es decir, solidaridad con una comunidad o país.

La falta de estos valores ocasiona rupturas: divorcios, infidelidad, desinterés de unos por otros y soledad, por mencionar solo algunos. Las consecuencias de estos escenarios son devastadoras ya que favorecen las depresiones y los suicidios.

Reflexiona profundamente: ¿Qué tanto me intereso por mis seres queridos?, ¿me preocupo por sus sentimientos y actividades?, ¿soy solidaria?, ¿vivo con espíritu de servicio hacia los demás? Ten presente que la felicidad se alcanza en mayor grado cuando ayudamos a los demás.

Los valores morales

Como mujeres y madres debemos ser muy firmes en la vivencia de los valores morales, ya que nuestros hijos aprenderán mucho más de nuestro ejemplo que de nuestras palabras.

Para ejemplificarlo, pensemos en aquellos delitos que se caracterizan por la crueldad e insensibilidad con que fueron cometidos. ¿No te preguntas qué pasó en la familia del joven o adulto responsable del acto para que fuera capaz de tal frialdad y deshumanización?

Los valores religiosos

Son la base que nos induce a determinar nuestra misión en esta vida, en tanto favorecen un sentido de trascendencia.

Es notorio que, en los últimos tiempos, encontramos a muchas personas con un gran vacío existencial y que se preguntan a sí mismos: ¿hacia dónde voy?, ¿por qué y para qué vivo?

En algunas ocasiones creen encontrar las respuestas en caminos falsos, cuando el principio es saberse y reconocerse como parte de un todo.

Si eres una mujer creyente, ¿vives los preceptos de tu religión?, ¿qué tanto colaboras con tu comunidad religiosa?, ¿eres congruente con lo que profesas y lo que vives? No hay más, son tus actos de amor y de servicio los que convencerán a quienes te rodean.

No podemos enseñar los valores, solo ayudar a descubrirlos. La familia es la mejor escuela de valores, donde realmente se viven y donde aprendemos a amar y a aceptar a cada integrante tal y como es.

13 Un gran reconocimiento para la mamá sola

Me casé con la idea de que fuera para toda la vida; ¿por qué murió tan joven mi esposo?; ¡tuvo que irse a trabajar para sostenernos! He oído decir estas y otras frases a mujeres muy queridas y cercanas. Son pocas las que realmente eligen ser mamás solas, la mayoría quiere formar una familia con una pareja y permanecer en unión por muchos años. Sin embargo, los datos en México nos muestran que cada vez es mayor el número de mujeres que son jefas de familia; es decir, que están criando a sus hijos sin la presencia del padre. En 2011, el INEGI informó que la proporción de hogares con jefatura femenina pasó de 17.4% en 1970, a 24.6% en 2010; esto se debe, entre otros factores, al aumento en la viudez, separaciones y divorcios, así como al hecho de que las mujeres no tienden a unirse a otra persona tras la pérdida de su pareja.

Esto nos habla de que la quinta parte de las mujeres en nuestro país están al frente del hogar, porcentaje menor en las zonas rurales (20%) y mayor en las urbanas y suburbanas (25%). El grupo más numeroso está constituido por las madres divorciadas o separadas, le siguen las madres solteras que nunca o muy poco convivieron con el padre de sus hijos y, finalmente, están las que han quedado viudas o eligieron tener un hijo solas.

No debemos olvidar a aquellas mujeres cuyos maridos han tenido que dejar el país por uno o muchos años para sostener a la familia desde lejos; o bien aquellos padres que trabajan en otra ciudad o viajan constantemente, conocidos como padres «periféricos».

Ya sea por decisión personal, por circunstancias económicas y sociales o debido a la muerte de la pareja, estar al frente de una familia sin el apoyo de un compañero es difícil pero posible. Hablaremos por lo tanto de algunas ideas que podrán ayudar en caso de que te encuentres en esta situación o conozcas a alguien que la está viviendo. Cada caso es único, pero existen denominadores comunes que permiten establecer ciertas medidas:

a) Padre y madre al mismo tiempo: hombres y mujeres tenemos características diferentes, que se imprimen de manera natural, por lo que es más recomendable encontrar figuras paternas cercanas que puedan ayudarte por lo menos en situaciones especiales o periódicas. Me refiero al abuelo, un tío, un hermano o primo que esté cerca de tus hijos y pueda apoyarte en temas de sexualidad, elección de carrera, selección de amigos, posibles peligros, faltas de disciplina u otros.

b) Hablar: Otro aspecto que favorece es hablar mucho con tus hijos. Ya sea a solas con cada uno de ellos o en familia, la comunicación debe ser constante. ¿Qué supone nuestra situación?, ¿cómo y por qué sucedió? Lo importante es decir siempre la verdad de acuerdo a la edad de cada uno, y procurando no desacreditar al padre ya que siempre seguirá siendo su papá. Dado que estoy convencida de que la vida es quien se encarga de poner las cosas en su lugar, la cercanía o lejanía que tendrán tus hijos con su padre no dependerá de ti, sino de su decisión personal a lo largo de la vida. Recuerdo muy bien las palabras de una buena amiga a una madre recién divorciada: No pretendas que tus hijos te demuestren su amor alejándose de su padre; eso no te corresponde.

En este sentido, también hay que hablar de las repercusiones sociales, económicas, morales y de seguridad que están viviendo nuestros hijos y, sobre todo, promover que expresen qué sienten y no solo lo que piensan. Para lograrlo, se necesita que tú también compartas con ellos tus sentimientos. Esto es muy importante. Habla cuando estés triste o enojada. Es diferente decirles: «me siento frustrada o estoy cansada», a descargar sobre ellos algunos sentimientos con frases como «por su culpa me siento así; ya no aguanto más la situación; todo lo hago por ustedes».

c) Establece límites: Para lograr armonía en un hogar con una mamá sola, es indispensable que existan límites y reglas, como en cualquier otra casa. No por estar sola debes exigirles menos y ser más complaciente. Es indispensable establecer responsabilidades para tus hijos de acuerdo a su edad; y a medida que vayan creciendo, involucrarlos más, tanto en el sostén económico como en la ayuda diaria en la familia.

Comparto contigo un consejo de un terapeuta a unos padres: «Toda ayuda innecesaria, es una limitación para el que la recibe». Si tus hijos o hijas son capaces de hacer algo por sí solos, los estás limitando al hacerlo por ellos.

d) Y ¿tú? Conozco a mamás solas que se exigen demasiado, queriendo ser «supermamás» y «supermujeres». Por dar lo mejor a sus hijos trabajan excesivamente, tanto dentro como fuera de casa, olvidándose de sí mismas, lo que origina que padezcan estrés, ansiedad, fatiga crónica y otras enfermedades. De igual modo, viven un sentimiento de culpa por querer estar con los hijos y no poder hacerlo. Te invito a reflexionar sobre tu situación y, ante todo, aceptar que estás sola, pero con la confianza de que puedes crear un ambiente familiar sano y adecuado para tus hijos. Hay que hacer a un lado ese sentimiento de culpabilidad y pensar en ti misma.

Evidentemente tus hijos son muy importantes en tu vida, pero también lo eres tú. Busca actividades que te diviertan y te relajen, date tiempo para descansar; no dejes de convivir con tus amigas y familiares, hazlo si te invitan a salir con ellos. Tienes derecho a gozar de la vida y a vivirla plenamente junto con tus hijos y seres queridos.

e) Pide ayuda: Si te es posible, procura que tu trabajo esté cerca de tu casa y ofrezca horarios flexibles, para que puedas compaginar las tareas domésticas con las laborales y las actividades de tus hijos. Algo muy importante: ¡Pide ayuda! Apóyate en personas que te quieren, como tu familia, amigas o vecinos; quienes seguramente podrán asistirte en recoger a tu hijo de la escuela, comprar algo que te faltó para la comida o pagar el gas cuando surten tu tanque a media mañana. Muchas veces las mujeres somos demasiado orgullosas para pedir ayuda y pensamos que podemos hacerlo solas, recuerda que es mejor que tus hijos tengan una mamá tranquila y feliz que una mamá estresada y enojada todo el día.

Te recomiendo que te apoyes con lecturas y programas de radio y televisión que puedan auxiliarte como mamá sola. Hay libros excelentes y actuales que hablan sobre los retos de la mujer como jefa de familia. Aprovecha las conferencias, seminarios o eventos que constantemente se están realizando y selecciona los que puedan servirte. Acude a la escuela para padres que se imparte en las escuelas de tus hijos, que no te detenga el hecho de ir sola.

f) Derechos: Conoce también cuáles son tus derechos ante la ley. De acuerdo con el Artículo 301 del Código Civil del Distrito Federal (o en otros códigos de los distintos estados de la república mexicana), el padre está obligado a proporcionar alimentos en caso de separación, divorcio, nulidad del matrimonio y otros. Ten en cuenta que la ley busca la protección de los hijos menores de edad, independientemente de cómo vivan sus padres. Gran cantidad de mujeres solas no conocen sus derechos y, por lo tanto, no promueven algún juicio para que el padre se responsabilice de la pensión alimenticia, que no solo se refiere a los alimentos, sino también a vestido, habitación, atención médica y hospitalaria; a los gastos para la educación y para proporcionarles oficio, arte o profesión; y si alguno de los hijos sufre de una discapacidad se incluye su rehabilitación y mantenimiento. Este tipo de trámite lo lleva un Juez de lo familiar y no es tan complicado como se piensa.

Ahora bien, si en tu familia se ha perdido la armonía, si estás demasiado cansada, enojada y fuera de control, si no ves bien a tus hijos, no dudes más y busca ayuda profesional. Dado que el papel que estás desempeñando no es fácil, existen terapeutas o psicólogos que pueden ayudarte a cambiar ciertas conductas que harán que tu rol como mamá sola sea cada vez mejor.

Cada día repítete a ti misma: Soy una mujer única y muy especial, y tengo una familia única y especial.

Seguramente sientes que tus hijos no se dan cuenta de tu esfuerzo, pero ten por seguro que siempre te estarán agradecidos por lo que has hecho por ellos. Tal vez no lo verán claro hasta el día en que ellos o ellas sean padres.

Para concluir, las siguientes palabras de una amiga muy querida y mamá sola de tres adolescentes, aportarán a lo que hemos especificado: «de lo único que sí estoy segura, es de que lo que he logrado por mis hijos, lo he hecho lo mejor que he podido y con todo mi corazón en ello».

Estoy segura de que tú lo estás haciendo lo mejor que puedes y con todo tu corazón. A ti, que eres mamá sola, te invito a seguir adelante y te felicito en esta tarea tan increíble que tenemos como mujeres, de formar y educar a esos grandes tesoros que son nuestros hijos.

Mamá a los treinta y tantos | 14

Uno de los grandes cambios que hemos tenido las mujeres es la edad en que decidimos ser madres por primera vez. Nuestras mamás, y no se diga nuestras abuelas, lo fueron antes de los 22 años. Hoy la edad promedio para emprender la maravillosa aventura de tener hijos es a los 27. ¿Qué es mejor?, ¿antes o después?

En México, la fecundidad por grupos de edad nos muestra que de 1976 a 2010, el máximo de la tasa de fecundidad correspondía a las mujeres entre los 20 y los 24 años. A partir de esta edad se empieza a configurar una disminución sustancial en la tasa de fecundidad. A los 35 años, la fecundidad empieza a disminuir de manera significativa y las mujeres mayores de 40 solo aportan el 2.1% de los nacimientos registrados (INEGI, 2011).

Aun cuando existe evidencia de mayores riesgos al concebir en edad avanzada, tanto para la mujer como para el bebé, los casos de maternidad tardía van en aumento. ¿Qué significa esto? Desde un punto de vista médico, se considera maternidad tardía cuando las mujeres se embarazan por primera vez a los 35 años o más. En México está ocurriendo; aunque llama la atención que esto no sucede en otros países como Chile, por ejemplo, en el que se registra solo un 16% de embarazos tardíos; lo contrario a Estados Unidos, donde en 2001 se registró un aumento de 70% de embarazos de mujeres mayores de 40 años. En Europa también hay una tendencia creciente, en la que la edad media de gestación del primer hijo se da entre los 25 y 29 años.

El porqué

Las razones que influyen en la postergación del embarazo son variadas y van desde el deseo de finalizar los estudios hasta lograr una situación laboral, pasando obviamente por querer contar con cierta experiencia profesional, disfrutar de un tiempo para su realización personal, consolidar una situación económica próspera o lograr influencia en su medio social y cultural.

La maternidad tardía no solo responde a los patrones de desarrollo económico o educativo que amplían los roles sociales femeninos, sino también a las políticas públicas. Prueba de esto son países como Suecia, Finlandia y Dinamarca, que han sabido integrar la situación laboral y de familia sin necesidad de postergar este evento, gracias a políticas públicas en apoyo a la maternidad y la familia.

Al parecer, en los países en que la igualdad de la mujer está reconocida y su autonomía garantizada, no existe conflicto para ser madre y profesionista.

Riesgos

Ahora bien, en cuanto a los riesgos de gestar a edades avanzadas, en nuestro país las tasas de mortalidad materna por edad son considerablemente más altas desde los treinta años y llegan a incrementarse en más del 100% a partir de los 35 (Estadísticas de defunciones 2009, INEGI).

Es por ello que, desde una perspectiva médica, el embarazo a partir de esta edad se clasifica como una gestación de alto riesgo, y más aún en las mujeres que se embarazan por primera vez.

Uno de los primeros obstáculos que puedes enfrentar si esperas embarazarte después de los 35 o 40 años, es justamente la dificultad para lograr el embarazo. Esto se debe a que existe menor frecuencia en la ovulación; además de otras posibles dificultades ginecológicas como la endometriosis y la adhesión de las trompas de falopio u ovarios.

Ante esa situación, algunas parejas recurren a las llamadas técnicas de reproducción humana asistida. A pesar de que estas han tenido un progreso considerable en la efectividad de la procreación, actualmente se habla de una tasa de éxito de tan solo 15%, que se reduce de manera considerable si la mujer es mayor de 40. De hecho, este tema de la reproducción asistida conlleva ciertos inconvenientes que te invito investigues a fondo antes de tomar la decisión de recurrir a ella, en tanto siguen descubriendo consecuencias que afectan a mujeres y bebés.

Siguiendo con los riesgos de la maternidad tardía, algunos de los problemas de salud relacionados con ella son:

1. Hipertensión arterial, que repercute en la madre e impacta el retraso del desarrollo del bebé a nacer.

2. Incremento de las posibilidades de que el recién nacido tenga Síndrome de Down.

3. Amplias posibilidades de defectos cromosómicos en los recién nacidos.

4. Mayores dificultades para brindar una adecuada oxigenación y nutrición al feto, que repercuten en la falta de crecimiento, bajo peso del recién nacido y dificultades en el parto vaginal, lo que a su vez incrementa la posibilidad del nacimiento por cesárea[1].

Cuidados

Así, tales contrariedades pueden evitarse si la mujer gestante adopta medidas especiales, como por ejemplo:

1. Tener un control prenatal desde el momento en que se planifica el embarazo, durante y después del mismo.

2. Tomar ácido fólico y suplementos alimenticios bajo supervisión médica.

3. Llevar una dieta balanceada, evitando alimentos con exceso de grasas, sal y azúcares, así como practicar ejercicios ligeros que prevengan el incremento de peso (no hay que subir más de 1.5 kilos al mes para evitar la diabetes gestacional).

4. Al recién nacido se le deben realizar lo antes posible las pruebas del tamiz neonatal, para cualquier tratamiento oportuno.

El asunto es delicado y no debe tomarse a la ligera; sin embargo, las decisiones personales siempre deben ser respetadas y este caso no es la excepción. Si has decidido ser madre después de los 35 años, o conoces a alguien que quiera serlo, es muy importante estar informadas y asumir plenamente esta gran responsabilidad.

Ante ello, hay un punto importante que también debe considerarse, que es pensar en ese hijo o hija. Sabemos que el deseo de ser madre puede ser muy fuerte, pero es necesario evaluar a fondo lo que se ofrecerá al niño. Esto es, pensar en que cuando tenga diez años de edad, tendrás 45 o 50, o que cuando cumpla los veinte, andarás por los 50 o 60, por ello, ¿qué tanta energía física y psicológica tendrás para educarlo como se merece? Recordemos que un hijo es un don, no un derecho, y la decisión de tenerlo es un paso importantísimo en la vida, que te impactará en todos los ámbitos y, ante todo, determinará la vida de esa persona que anhelas contigo.

Familia: fortalezas y amenazas | 15

Hace ya varios años que en nuestro país se celebra el Día Nacional de la Familia. Pero aun cuando reconocemos la importancia de este núcleo, ¿sabemos realmente lo que significa? El término familia es uno de los más conocidos aunque, paradójicamente, de los menos reflexionados.

A la familia se le considera la base de la sociedad, y al investigar sus raíces se comprueba que es la única institución que ha surgido de forma espontánea, a diferencia de otras que fueron creadas por el hombre para cumplir con una finalidad específica (gobiernos, empresas, iglesias e instituciones educativas, entre otras).

La familia surgió por sí sola. Esto no es una casualidad, es más la consecuencia de una realidad biológica, donde los integrantes menores necesitan recibir cuidados y atención de sus padres hasta que puedan valerse por sí mismos, crecer y convertirse en adultos.

No todas las familias son iguales. Casi en todas hay un papá, una mamá e hijos; pero en otras hay solo papá o mamá con niños; las hay donde habitan con abuelos o tíos; puede suceder que los hijos hayan sido adoptados; o casos de parejas sin hijos. La diversidad es tan amplia que con el tiempo, la familia va cambiando y se organiza de modo diferente, según las edades de sus miembros y situaciones particulares.

Muy revelador resultó el estudio *Sueños y aspiraciones de los mexicanos*, publicado por la revista Nexos de febrero de 2011, en donde uno de los puntos centrales fue la percepción de los encuestados acerca de la familia. Las primeras líneas son, de verdad, interesantes:

> Sin sueño colectivo, sin faro que alumbre un camino, sin confianza en los gobernantes y los compatriotas que caminan a su lado, los mexicanos encuentran consuelo y esperanza en su familia [...] La familia se encuentra idealizada como el refugio donde los mexicanos sí pueden confiar unos en otros, es el conjunto donde sí se comparten valores, sí se encuentra el apoyo.

El mismo estudio afirma también que esta imagen de la familia hace que el mexicano no se perciba como parte de una comunidad, ciudad o patria, por lo que le cuesta trabajar para alcanzar metas en conjunto. Para 81% de los mexicanos, antes que el país está su familia.

¿Por qué entonces, escuchamos o decimos frecuentemente que la familia está en crisis?, ¿por qué al hablar de familia nos referimos solo a los problemas que le aquejan: violencia, infidelidad, divorcio, adicciones, delincuencia y falta de comunicación, entre otros, que hacen pensar que este núcleo social se está fracturando?

Aspectos positivos

Ante esto, ¿no sería más adecuado recordar lo que aporta la familia? Las significativas fortalezas que la distinguen como una institución natural y ancestral harán que la valoremos en su justa dimensión. Entre dichas aportaciones destacan:

a) Ejercer el derecho a la vida: primer derecho universal de un ser humano sobre todos los demás.

b) Concretar el derecho a la educación: aprender, superarse y ser alguien productivo para la sociedad.

c) Aceptar a cada uno como es, sea cual sea su carácter, temperamento o condición física.

d) Aprender a amar: todo ser humano adquiere la primera experiencia de amar y relacionarse con los demás dentro de su familia.

e) Transmisión de creencias, tradiciones, hábitos y costumbres.

f) Escuela de valores, ya que dentro de ella se viven estos.

g) Espacio de apoyo, confianza y solidaridad.

h) Se aprende a vivir en paz y armonía.

Después de muchos años de estudio puedo afirmar que no hay nada que nos haga suponer la desaparición de la familia, por más que se diga que está en crisis. De hecho, la historia nos confirma lo contrario: los lazos familiares se han revitalizado y transformado.

Si continuamos viendo a la familia con un enfoque centrado en sus problemas, la percepción será incompleta. En cambio, si entendemos sus fortalezas quizá podamos explicar no solo por qué ha existido hasta el presente, sino por qué es parte esencial de nuestras vidas.

Amenazas

Por lo general, estas son corrientes ideológicas, formas de pensar y de actuar que inconscientemente empezamos a vivir y que nos están causando un gran daño.

Enrique Rojas, psiquiatra español, habla sobre algunas de ellas en su libro *El hombre light*[1]:

a) Individualismo: lo importante eres tú, en segundo lugar tú y en tercero también tú, los demás pasan al último plano.

b) Materialismo: un individuo tiene cierto o mucho reconocimiento social por el hecho de tener más o menos dinero, y no por lo que es. ¿Cuántas veces tratamos a los demás según su situación económica o estatus social?, ¿qué tan frecuentemente queremos aparentar algo que no tenemos?

c) Hedonismo: la ley máxima es el placer, pasarla bien y tener nuevas sensaciones; vivir el momento sin importar lo que venga después.

d) Permisividad: cada vez se consienten más acciones, conductas y pensamientos. Todo se vale y lo que hace la mayoría está bien hecho.

e) Superficialidad: carecer de un fin y de un programa en la vida.

f) Relativismo: nuestra vida depende de las personas o los acontecimientos; no existe lo bueno o lo malo sino según la circunstancia.

g) Consumismo: las necesidades superfluas se convierten en indispensables para nuestra vida; comprar, gastar y poseer se viven como experiencias que quieren ser sinónimos de libertad; se reduce al ser humano a la categoría de objeto y no a la de sujeto.

h) Liberalismo: hacer cada quien lo que quiera. Es un concepto equivocado de libertad, ya que ejercerla es saber elegir entre varias opciones y, por lo tanto, descartar algunas de ellas; pero nunca significa hacer lo que queramos.

i) Utilitarismo: lo que vale es lo útil, así como lo que produce dinero, fama o poder. Bajo esta óptica, muchas personas quedan reducidas a cosas y, como tales, se vuelven desechables. Ejemplo de este enfoque es la eutanasia en personas adultas, que al no ser productivas y representar un costo para la sociedad, se les priva de la vida.

Caer en estos pensamientos es muy fácil, por lo que es importante volver nuestra mirada hacia la persona como ser humano; recuperar el concepto que hemos olvidado, donde el centro de atención y de la vida es la persona, no las cosas ni las circunstancias. Y qué mejor lugar para vivir este humanismo que la familia, núcleo donde naturalmente se acepta, respeta y ama a cada ser humano tal como es.

Para mayor comprensión sobre la familia, comparto contigo algunos pensamientos de la Madre Teresa de Calcuta:

> No desatiendas a tu familia. Procura estar en tu hogar. Hoy día, muchos jóvenes siguen un mal camino, y esto se debe a que los abuelos están en un asilo, y la madre tan ocupada que los niños no la encuentran al regresar de la escuela. Allí no hay nadie que los reciba ni juegue con ellos, y así vuelven a la calle, donde encuentran drogas, alcohol, y tantas otras cosas.
>
> Lo más natural del mundo es la vida en familia. Lo que la mantiene unida a la familia, lo que nutre la vida en común de la familia, es la entrega mutua, la obediencia, la aceptación mutua.
>
> Tal vez en nuestra propia familia haya alguien que se siente solo, enfermo o angustiado. ¿Estamos con él? Empecemos por conocer a los pobres dentro de nuestra propia familia. Tenemos ancianos: los llevamos a instituciones y jamás los visitamos; cada vez tenemos menos tiempo para sonreírnos los unos a los otros, cada vez menos tiempo para estar juntos.
>
> El amor empieza en el hogar. ¿Qué puedes hacer para transformar tu hogar en un templo de amor?

IV
Mujer como trabajadora

Ya no somos las mismas | 16

La situación en que nos encontramos, tanto hombres como mujeres, a principios del siglo XXI no podría explicarse sin mirar ciertos antecedentes de cómo la mujer ha ido participando en la vida pública. Y es que nuestro papel en la actualidad es de tal magnitud que conviene reflexionar al respecto.

En este sentido, no fue hasta el siglo XIX cuando las mujeres comenzaron a unirse en organizaciones creadas para luchar por la emancipación de su sexo: no podían votar ni ocupar puestos públicos, tampoco tener propiedades y transferían al marido los bienes heredados; no podían dedicarse al comercio, tener negocio propio, ejercer determinadas profesiones, abrir una cuenta corriente o aspirar a un crédito. Las leyes, en lo civil y en lo penal, las trataban como menores de edad. Aunque muchas mujeres destacaron en la vida pública del siglo, quizá su papel más importante fue la creación y conservación de una vida familiar fuerte y estable, y la educación de los hijos.

A principios del siglo XX el tema central fue el derecho al voto femenino. En Estados Unidos se obtuvo en 1920 y en México en 1953. La Primera Guerra Mundial hizo que la mujer se incorporara al mundo del trabajo y que le reconocieran ciertos derechos laborales.

Un hecho verdaderamente histórico fue el descubrimiento de los métodos anticonceptivos, hacia 1960, pues lograron por primera vez la disociación entre la sexualidad y la reproducción, hecho que ha provocado cambios decisivos en la condición histórica de la mujer y en la relación entre los sexos.

Se produce, entonces, en Europa un gran impulso a favor de la libertad sexual y el control de la natalidad; y surgen los primeros movimientos feministas radicales.

A finales del siglo pasado se llevaron a cabo conferencias mundiales que por primera vez reunieron al mundo entero en torno a temas que afectaban directamente a la mujer: salud, educación, violencia, pobreza, trabajo y participación pública, entre otros. Salieron a la luz atrocidades cometidas contra mujeres, tales como mutilación genital, lapidación, violencia y el tráfico de niñas y adolescentes.

A partir de ello se han realizado múltiples convenios internacionales, políticas públicas y diversos esfuerzos a favor de la mujer. Sin duda la condición ha mejorado, pero aún está lejos de ser equitativa.

La mujer mexicana

Basta con mirar la situación de la mujer en México. Según el último censo somos poco más de la mitad de la población y vivimos en promedio unos cinco años más que los hombres. Sin embargo, la participación en la vida pública es solo de 16% con relación a ellos; el 9.8% de la mujeres todavía son analfabetas; el nivel máximo de estudio que alcanzan la mayoría de las mujeres mexicanas es de segundo de secundaria; uno de cada cuatro hogares en nuestro país está encabezado por una mujer, sea viuda, divorciada, refugiada o abandonada; y a pesar de los avances en materia de salud, diariamente mueren cuatro mujeres por cáncer cérvico-uterino y catorce por cáncer de mama.

En las últimas décadas se ha presentado, no solo en nuestro país sino a nivel mundial, un cambio profundo en el papel de la mujer. Retrocedamos tres generaciones y veamos cómo en la década de 1930 pocas mujeres terminaban estudios de preparatoria y difícilmente cursaban una carrera. Se casaban muy jóvenes y se dedicaban de lleno a su casa, marido y niños. Las familias eran más grandes, el promedio de hijos en la década de 1960 en México era de siete por mujer. No trabajaban a menos que fuera necesario y su vida estaba en el hogar.

En la generación de los años cincuenta y sesenta empezó el cambio. Las mujeres comenzaron a estudiar una carrera, a formarse y a trabajar profesionalmente; el número de hijos disminuyó, originando que a fines del siglo pasado el promedio de hijos fuera de 2.4 y actualmente de 2.1; el tiempo de la mujer se dividió entre el trabajo y la familia.

La generación actual presenta otras características: prácticamente todas las jóvenes estudian o estudiarán un nivel medio superior, quieren acceder a una carrera, piensan trabajar, hablan varios idiomas, saben computación y tecnología, tienen pensado el número de hijos que les gustaría tener y ya no quieren casarse antes de los veinte años; en fin, su vida es muy diferente a la de sus abuelas o mamás.

Profundicé en esta realidad al realizar mi tesis de maestría sobre mujeres adolescentes entre 13 y 16 años. Durante la investigación de campo pregunté a más de mil jóvenes cuáles eran sus metas en orden de importancia al terminar la preparatoria, a lo que me respondieron:

En primer lugar terminar una carrera, en segundo estudiar una maestría, en tercero trabajar y ser una gran profesionista; después encontrar una pareja para casarme y en quinto lugar tener hijos.

Otra de las preguntas estuvo dirigida a conocer qué piensan de la mujer las jóvenes en la actualidad: 4% considera que debe dedicarse totalmente al hogar; 60% opina que debe dedicarse al hogar y además ejercer una profesión, para lo cual requiere ayuda económica y de trabajo en el hogar por parte de su esposo; y el restante 36% piensa que debe tener los mismos derechos y responsabilidades que su esposo y compartir por igual las labores tanto del hogar como del sostén económico de la familia.

El tipo de respuestas nos hace pensar ¿ha sido positivo este cambio?, ¿son más felices las mujeres de hoy que las que vivieron décadas atrás? Es algo difícil de responder ya que, por un lado, vemos a mujeres en puestos públicos y privados, egresadas de universidades y superándose cada día más; y por el otro, observamos cómo el número de matrimonios está descendiendo en tanto los divorcios aumentan. El INEGI, en su informe «Matrimonios y divorcios en México» señaló que hay una disminución anual de 0.9% en matrimonios y un incremento de 7% anual en divorcios. Como ya lo mencionamos, se estima que de los matrimonios casados hace diez años la mitad ya están separados; y las estadísticas de mujeres con problemas de alcohol, drogas, depresiones y suicidios se incrementan día a día.

Vale la pena recapacitar sobre lo que está ocurriendo, sobre todo porque es evidente que el papel del hombre a lo largo de los años ha sido el mismo. Somos nosotras quienes hemos cambiado e incidido, sin duda alguna, en la dinámica social.

Feminismo en equilibrio

Los años dedicados al estudio y al trabajo por y para la mujer mexicana, me han llevado a concluir que el tipo de feminismo que realmente valora tanto a la mujer como al hombre y, por tanto el que más beneficia a nuestra sociedad, es el feminismo en equilibrio, donde las mujeres en lugar de buscar una óptica feminista luchamos por una óptica femenina, en la cual se contempla al hombre y a la mujer como un todo, ya que al momento en que la persona es concebida asume no solo un sexo, sino una forma de ser, un modo de actuar, una psicología ya sea femenina o masculina.

Reconocemos que la mujer necesita del hombre y viceversa, por lo que ella lo debe involucrar en la paternidad, en la educación de los hijos, para que su intervención no sea solo biológica, sino total. La mujer y el hombre somos un complemento, no una competencia; iguales tanto en dignidad como personas, como en los derechos y responsabilidades que vivimos.

En este mundo lleno de cambios y oportunidades para nosotras, tenemos el gran reto de crear una figura de mujer que, en contraposición con las formas radicales de feminismo, desarrolle en toda su amplitud y armonía las riquezas de la auténtica feminidad en los diferentes papeles que a cada una le ha tocado vivir: como esposa, madre o soltera; como profesionista o estudiante; como hija, amiga y como ciudadana.

Debemos sentirnos orgullosas de ser mujeres, ya sea dentro de la vida familiar, social o política. Nuestra vida debe tener un sentido de trascendencia.

Los desafíos son muchos pero hay que afrontarlos. Tenemos el gran reto de vivir nuestra feminidad en un mundo en el cual ya no se exige ser femenina. Tenemos el gran reto de ser madres y enseñar a ser madres, en un mundo que ya no valora la maternidad. Tenemos el gran reto de ser mujeres íntegras y formar mujeres íntegras, en un mundo que sin duda lo necesita.

Familia y trabajo, balance que construye | 17

Al hablar de participación laboral, vemos cómo cada vez más las mujeres salen a trabajar fuera de su casa. Sobre el tema, el INEGI establece que 45% de las mujeres mayores de 15 años trabaja, algunas por gusto, la mayoría por necesidad. 65% de estas mujeres son asalariadas, 22% trabajan por su cuenta, 10% no recibe pago alguno y solo 3% son empleadoras. Sus jornadas son dobles, es decir, se ocupan en una fábrica o empresa, y al regresar a su casa siguen trabajando. Hay un dicho muy cierto al respecto: «el trabajo del hombre cesa cuando el sol declina, el de la mujer nunca termina».

Según la encuesta nacional sobre el uso del tiempo del propio INEGI, la mujer trabaja catorce horas más que el hombre a la semana.

Ahora bien, la mayoría de las mujeres queremos o tenemos que trabajar, pero queremos también formar una familia. Un estudio muy interesante demostró que en la actualidad 20% de las mujeres opta por desarrollar su vida profesional y no tener hijos, otro 20% ha decidido dedicarse por completo al cuidado de los hijos; y el resto, 60%, desea compatibilizar la atención a la familia con un empleo remunerado[1]. Surge entonces ese gran conflicto entre familia y trabajo, ya que una gran realidad es que los mejores años como mujeres en el trabajo, coinciden precisamente con los mejores años para ser madre.

Algunas soluciones

Para que las mujeres no vivamos el conflicto diario de dividirnos entre nuestra familia y el trabajo, necesitamos contar con el apoyo del gobierno, el cual debe promover políticas públicas que permitan que la mujer pueda ser madre, esposa y profesionista; el de las empresas, para que establezcan horarios flexibles, guarderías, permisos en embarazos, trabajo en casa; y, por supuesto, con el respaldo de los hombres, que como empresarios y como esposos tienen que incentivar que en esta sociedad haya mujeres equilibradas que formen familias sólidas.

En Europa y Estados Unidos, así como en nuestro país (aunque en menor grado), se han implementado políticas que permiten que la mujer pueda formar una familia y seguir trabajando. Es importante mencionar que se ha visto que el hombre también está aprovechando estos apoyos, lo que nos deja ver que tanto una como otro deseamos un equilibrio en nuestras vidas. Algunas de estas medidas son sencillas, pero a la vez de suma relevancia, por ejemplo:

1. Flexibilidad en horarios.

2. Trabajo de tiempo parcial (solo medio tiempo o algunas horas).

3. Jornada comprimida (mismas horas sin horario de comida).

4. Respeto a horarios de entrada y salida.

5. Turnos compartidos (dos mujeres con el mismo puesto).

6. Prohibición de reuniones fuera de horario laboral.

7. Trabajo en casa (aprovechando las nuevas tecnologías).

8. Videoconferencias.

9. Sabáticos y licencias.

10. Guarderías y cuartos de lactancia.

11. Centros deportivos.

12. Fondos de ahorro.

13. Ubicación del lugar de trabajo de acuerdo al lugar donde viven.

14. Comedor, transporte, etcétera.

Estos beneficios, sin duda alguna, ayudan a que el trabajo no se convierta en el único y último fin de una sociedad, sino que sea un medio para que la familia viva.

Para lograr esta vital combinación de trabajo y familia es necesario hacer uso de todos nuestros recursos, aprovechando las características específicas que mujeres y hombres poseemos. Ambos somos seres humanos, pero visiblemente diferentes. Estudios médicos y psicológicos han identificado distintos rubros que facilitarán o entorpecerán la obtención de una vida equilibrada. Entre ellos se encuentran:

a) Inteligencia: en la mujer, se basa en la facilidad de esta para personalizar. Las mujeres comprenden la totalidad de una persona o de un objeto, tienen mayor memoria verbal, capacidad de asociación y expresión verbal. Por su parte, la inteligencia masculina capta la realidad tal cual, sin personalizarla espontáneamente. En general, los hombres tienen más facilidad para el razonamiento espacial, numérico y lógico.

b) Metas y aspiraciones: las tendencias masculinas tienden a metas y retos; sienten más la necesidad de solventar sus necesidades físicas (alimentación, vestido, casa). Las tendencias femeninas son las de afiliarse a un grupo y buscan, en mayor grado, satisfacer sus necesidades sociales.

c) Emotividad: los hombres poseen una mayor estabilidad emotiva, que se ve reflejada en la acción. Las mujeres poseen una rica emotividad que se refleja en la comunicación de la misma.

d) Pertenencia: el hombre, cuando sale a trabajar, suele olvidarse de que tiene hijos. Las mujeres no lo podemos separar:

en la oficina recordamos los pendientes del hogar, y al llegar a casa no olvidamos los del trabajo.

En este último asunto, he leído y escuchado entrevistas realizadas a mujeres con cargos públicos, y en su mayoría mencionan lo que para ellas significa tener una familia y un trabajo. ¿Cuándo escuchamos a un empresario o a un político hablar públicamente de su familia?, muy poco o casi nunca.

Familia y trabajo

Por todo esto, surge entonces la gran interrogante: ¿Cómo compaginar familia y trabajo?

Para empezar, resolver la pregunta es una tarea de ambos. En tanto sigamos pensando y viviendo el viejo modelo de pareja, en que el padre es el proveedor o abastecedor económico de su familia y la madre quien educa a los hijos, será complicado acercarse a la solución. Hoy necesitamos a hombres y mujeres, papás y mamás involucrados en la formación de la familia, no solo trabajando por ella, sino gozando de ella.

Las mujeres de hoy tenemos más oportunidades que quienes nos precedieron, pero también tenemos el gran riesgo de caer en un desequilibrio de vida que nos lleve a descuidar lo más importante para lo cual fuimos creadas: el proteger nuestra propia dignidad y darnos a los demás a través de la familia y del matrimonio, si hemos optado por ese camino.

Incluso, en esta búsqueda por llegar al balance es hasta cuestionable el modo en que las mujeres hemos ido ingresado al mundo del trabajo. ¿Por qué en lugar de estudiar carreras que podamos aplicar más adelante, o buscar trabajos que vayan de acuerdo a nuestra naturaleza, queremos ser igual que los hombres, estudiar las mismas carreras, encontrar los mismos trabajos, comportarnos como ellos en el vestir, hablar y actuar?

Considero que esto es un grave error. Por supuesto debemos participar en el mundo laboral, pero hacerlo copiando los patrones masculinos no aporta. Debemos imprimir un sello de feminidad. Las mujeres estamos llamadas a humanizar el ambiente, y esta sensibilidad por lo humano se plasma a la hora de tomar decisiones de trabajo. Hacer caso a la intuición es una forma propia de la mujer para llegar a lo más íntimo de los seres humanos.

Aprovechemos que las mujeres captamos con rapidez y acierto la realidad actual e inmediata de cada individuo; que tenemos una especial capacidad de influir persona a persona. La clave de nuestra relación está en nuestra capacidad de escucha, que comprende y acepta al otro.

Con facilidad la mujer se entrega generosamente y de forma incondicional a un proyecto; está especialmente dotada para trabajar en equipo y sabe coordinar esfuerzos para crear un ambiente positivo de trabajo.

Sabemos que la mujer está condicionada por el hecho biológico de poder ser madre, pero jamás esta cualidad la disminuye. Es momento de verlo como algo positivo, que la engrandece. Esta visión nos ayudará a rescatar a la familia y a la humanidad.

Un cambio de postura en los hombres, su apoyo material y moral en esta importantísima y nada fácil tarea de la vida familiar, será un gran paso; quizá el único efectivo para que la mujer logre la sinergia, sin agotarse, de las dos tareas: madre y profesional.

Por otra parte, si quienes hacen las leyes y sobre todo quienes las llevan a la práctica, no facilitan con medidas inteligentes la compatibilidad de estas facetas, la mujer seguirá siendo la más afectada. Pero con ella también se daña a la sociedad, a la empresa y a la política, que dejarán de recibir el valor añadido de las cualidades propias del sexo femenino, absolutamente necesarias en todos los niveles para humanizar la vida.

No hay más, el hombre debe asumir el cambio; es él quien tiene que buscar la complementariedad de la mujer. Esta realidad bien asumida hará que la sociedad progrese y, en definitiva, construya.

Trabajo de ambos: una nueva realidad | 18

Hasta ahora hemos revisado tanto los cambios que hemos tenido las mujeres como la postura que el hombre debe tener ante la familia. Esto nos lleva a la conclusión de que la sinergia entre familia y trabajo no es solo cuestión de mujeres, de la que tanto escuchamos en la actualidad, sino es una labor y una responsabilidad de los hombres.

Al estudiar y observar a las familias de hoy, es evidente que la dinámica familiar ya es otra: el esquema en que la mujer se encargaba del hogar y de la educación de los hijos, en tanto el hombre figuraba como el proveedor económico de la familia, ya no es común.

Dado que las mujeres hemos cambiado significativamente nuestros roles y actividades; el hombre, ¿hasta dónde ha asumido su propia misión en la familia?, ¿hasta dónde se involucra en la educación de sus hijos y no solo en su manutención?

Y es que los hijos necesitan, desde que nacen, el apoyo y apego de su padre. Su ausencia en la vida familiar no es para nada justificable por un exceso de trabajo. De hecho, este es un punto de gran importancia y que muchos padres, en la actualidad, ni siquiera se han planteado. Se ha demostrado que la ausencia física del padre puede hacer mucho más daño psicológico al hijo que la ausencia natural producida cuando el padre muere; es decir, al niño le puede afectar más saber que su papá vive y no le hace caso, a saber que murió y no cuenta con él.

Algunas de las consecuencias identificadas, si el padre no está presente, pueden ser:

1. Disfunciones cognitivas.

2. Déficits intelectuales.

3. Privación afectiva.

4. Inseguridad.

5. Baja autoestima.

6. Mal desarrollo de la identidad sexual.

Al respecto, Aquilino Polaino, gran psiquiatra español y profesor universitario, señala lo fundamental de este asunto, al decir:

> [...] algunos de mis alumnos tienen problemas y no los tendrían, seguro estoy de ello, si hubieran tenido el necesario afectivo y efectivo contacto con sus respectivos padres varones [...] en muchos de ellos se advierte el hambre de paternidad, que solo puede satisfacer su propio padre[1].

También, en la Universidad de Valencia (España) se han hecho investigaciones; se llevó a cabo un estudio entre niños de siete a 14 años, a quienes se les preguntó cuáles eran las dos cosas que los hacían más felices. Casi 90% respondió: estar con mis papás y tener hermanos.

Reconozcamos que muchas veces los papás estamos inmersos en el trabajo, con la fija idea de generar bienes materiales, pero nos olvidamos de algo trascendental, que es convivir con los hijos. Y en especial, suele ser el hombre quien se pierde de ese gran valor y satisfacción que brinda el ser un auténtico padre de familia.

Recuerdo el impacto que me causaron las palabras de un exitoso empresario: he tenido mucho éxito en mi vida profesional, pero me arrepiento de no haber visto y gozado a mis hijos cuando estos crecían. Ahora ya es demasiado tarde.

Papá y mamá

Para fines de mayor comprensión, cambiemos ahora las palabras de hombre y mujer, por las de papá y mamá. Tanto el padre como la madre de familia pueden dirigir su trabajo a robustecer su yo: a tener popularidad, dinero, a amar a su profesión por encima de todas las cosas; o bien, a amar el bien de su familia.

Considero que el aspecto laboral debe estar después del valor de la familia y no situarse al mismo nivel, ya que esta última es su motor; sin embargo, el motor de la familia es mucho más amplio: es el amor. Vemos con tristeza cuántos hombres y mujeres ponen por delante la profesión en su vida y acaban con el núcleo familiar.

De hecho, importa menos fracasar en el trabajo, si la persona continúa siendo admirada y apoyada por su propia familia. En cambio, una vez rota la familia, se incrementa la posibilidad de fracasar también en el entorno laboral.

La igualdad de oportunidades que estamos viviendo papás y mamás exige la igualdad de responsabilidades, que habrá que llamar corresponsabilidad, y con funciones diseñadas de acuerdo con lo que cada uno sabe hacer mejor. Para ello, cada pareja debe decidir qué estilo de vida quiere llevar. No hay duda, no es tarea del gobierno decidir al respecto, sino de cada matrimonio.

Partiendo de que en el hogar hay dos cabezas que pueden alternarse, suplirse, complementarse, delegarse, o actuar simultáneamente según convenga a la familia, hablemos de los hijos, que son precisamente los más afectados en el tipo de organización que se decide llevar.

Patrimonio vital

En este análisis, te invito a no pensar en el patrimonio económico que puedas o no dejar a tus hijos cuando ya no estés con ellos, sino a valorar el patrimonio vital que se refiere a todas aquellas vivencias que desde niños han quedado marcadas en el corazón y que recordarán toda su vida. ¿Cuál es tu patrimonio vital?, ¿qué recuerdos tienes de tus papás?, ¿qué experiencias de vida no se te olvidan, momentos importantes, conversaciones, correcciones, tradiciones que te han marcado? Si estás atenta, notarás que esos recuerdos nada tienen que ver con el nivel económico que viviste, sino con las experiencias personales que tuvieron como familia.

De ahí, puede ser interesante preguntarte: ¿cómo te gustaría que te recordaran tus hijos?, ¿qué experiencias y vivencias te gustaría que compartieran y vivieran con tus nietos? Finalmente, esto es lo que vale y se llama patrimonio vital. Como papás cometemos el grave error de querer dotarlos de cosas materiales que no son importantes y hacemos a un lado lo que realmente vale la pena: el amor, cariño y apoyo, que son gratis. Recuerda que la vida es breve, el tiempo con los hijos es escaso y la muerte es lo único seguro. Debemos vivir con la familia al máximo, no como un periodo de rutina, cansancio o aburrimiento, sino como una oportunidad de maduración y crecimiento personal para cada uno de sus miembros.

Parejas casadas

No hace mucho, se efectuó en los Estados Unidos un estudio que abarcaba el sentir de varias generaciones. Los resultados fueron publicados en el libro *The case for marriage* de Linda J. Waite y Maggie Gallagher[2]. En él se estudiaron a parejas que permanecieron casadas durante su vida. Los resultados arrojaron que papás y mamás vivían más felices y saludables en las siguientes áreas:

1. Mejor calidad de vida y más sana.
2. Menor tasa de mortandad.
3. Mayor apoyo en enfermedades terminales.
4. Mayor nivel de estudio.
5. Menor índice de delincuencia en los hijos.
6. Mejor nivel económico de vida.
7. Más seguridad en su trabajo.
8. Son mejores ciudadanos.
9. Tienen una mayor estabilidad en su vida sexual.
10. Mayor ahorro e inversión.
11. Sus hijos tienen un menor riesgo de involucrarse en crímenes.

Es por ello que esta nueva realidad que estamos viviendo, en la cual tanto el hombre como la mujer trabajan fuera de casa, no debe ser motivo para que su entorno se vea afectado. Para que una sociedad prospere, tiene que contar con familias sólidas y por ende, con mujeres y hombres convencidos de formarlas. El amor a este núcleo ha de ser superior al amor a la profesión ya que el trabajo es importante, pero mucho más lo es nuestra esfera familiar. Para lograr este equilibrio es necesario comprender que la integración entre estos dos mundos es tarea de todos, y que solo en la medida de que lo entendamos se podrán lograr resultados que impactarán de manera positiva en nuestra sociedad. Para finalizar, el siguiente relato podría aclarar con mayor precisión lo que buscamos enfatizar.

Papá ¡yo quiero ser como tú!

Mi hijo nació hace pocos días, llegó a este mundo de una manera normal... pero yo estaba de viaje y no pude estar con mi esposa... ¡Tenía tantos compromisos!

Mi hijo aprendió a caminar cuando menos lo esperaba, y comenzó a hablar cuando yo no estaba... ¡Cómo crece mi hijo! ¡Cómo pasa el tiempo!

A medida que crecía, mi hijo me decía:

—Papá ¿cuándo regresas a casa? ¡Algún día seré como tú!

—No lo sé hijo, pero cuando regrese, jugaremos juntos, ya lo verás.

Mi hijo cumplió diez años hace pocos días y me dijo:

— ¡Gracias por el *Nintendo* papá!, ¿quieres jugar conmigo?

—Hoy no hijo, tengo mucho que hacer.

—Está bien papá, otro día será.

Se fue sonriendo, siempre en sus labios las palabras:

—Yo quiero ser como mi papá.

Mi hijo cumplió quince años y me dijo:

— ¡Gracias por la moto papá! ¿Quieres pasear conmigo?

—Hoy no hijo, tengo mucho que hacer.

—Está bien papá, otro día será.

El otro día, mi hijo regresó de la Universidad hecho todo un hombre.

—Hijo, estoy orgulloso de ti, siéntate y hablemos un poco.

—Hoy no puedo papá, tengo muchas cosas que hacer. Por favor, préstame el carro, tengo que hacer un trabajo en equipo.

Ahora ya estoy jubilado y mi hijo vive en otra ciudad. Hoy lo llamé:

—Hola hijo, ¿cómo estás? ¡Me gustaría tanto verte! —le dije.

—Me encantaría papá pero no creo que vaya a tener tiempo. Tú sabes... mi trabajo, los niños... ¡Pero gracias por llamar, fue increíble tener noticias tuyas!

Al colgar el teléfono me di cuenta que mi hijo finalmente había llegado a ser como yo.

V
Mujer como ciudadana

Mujer líder | 19

Al escuchar o leer sobre una mujer líder, las primeras imágenes que vienen a nuestra mente son las de personajes extraordinarios que han colaborado al bien de la humanidad. El punto es que no necesariamente liderazgo es sinónimo de fama, fortuna y reconocimiento. Puede haber hombres y mujeres que aun sin tener los reflectores encima, son grandes líderes en su familia, trabajo o comunidad.

De inicio, ¿quién es un líder?: «Es aquella persona que convence y arrastra, guía y dirige a las demás personas por algo especial que tiene»[1]. Después de consultar varios libros que hablan sobre liderazgo, y que han estudiado a quienes han triunfado en diversos campos, es notoria la existencia de ciertas cualidades en estas personalidades, que a continuación describo:

a) Carácter: es lo que establece quién eres en realidad; puedes hablar mucho, pero lo que determina tu persona es lo que haces. Lo vamos creando cada vez que elegimos algo en la vida. Un líder nunca se puede separar de sus actos y es congruente. Tiene muy claro que el talento es un regalo y el carácter una elección (puedes ser una mujer muy dotada, pero nunca aprovecharlo). Sabe que no tiene control sobre muchas cosas (dónde nació, rasgos de la familia, entorno) pero sí que puede formar su carácter.

b) Compromiso: el compromiso en la vida de un líder está en enamorarse de lo que hace. Por ende, el corazón es lo que realmente separa lo bueno de lo grandioso. Sin duda, el grado de compromiso del líder son sus acciones (nada es tan fácil como decir palabras, y nada más difícil que vivirlas día tras día).

c) Comunicación: dado que comunicarse es tomar algo complicado y hacerlo simple, un gran líder es aquel que sabe trasmitir sus conocimientos e ideas con entusiasmo, para que los demás los hagan suyos. Así, quienes lo rodean creen en lo que dice, los sensibiliza y los hace actuar.

d) Coraje: en un artículo que describe al Papa Juan Pablo II, esta cualidad se define como «Saber escoger y renunciar, asumir posiciones claras y por consiguiente amadas por algunos y mal vistas por otros»[2]. Es evidente que no podemos quedar bien con todo el mundo, cuando elegimos un camino necesariamente renunciamos a otros muchos.

e) Generosidad: esto requiere colocar a los demás por delante. A un líder se le mide no por el número de personas que le sirven, sino por el número de personas a las que él o ella ayuda. No olvidemos que ninguna persona ha sido honrada por lo que recibió en su vida, el honor es el premio por lo que ha dado.

f) Escuchar: El oído de un líder suena con las voces de los demás, pero aquí se trata de prestar atención, no de oír. Un líder se toma el tiempo de escuchar al otro como persona y capta lo que le quiere decir.

g) Actitud positiva: un líder elige tener una actitud positiva, no espera a que alguien lo motive. Una buena actitud lleva a acciones e influye a los demás. Por ello se dice que el ser humano puede cambiar su vida, cambiando sus actitudes.

h) Relacionarse con los demás: el ingrediente más importante para tener éxito en la vida es el saber cómo conectarse con otros. Un líder tiene la cualidad de entender cómo piensan y sienten los demás, ama a los suyos, los comprende y sabe extraer lo mejor de ellos. De verdad se preocupa y ayuda.

i) Responsabilidad: implica terminar lo que se empieza. Es lograr los objetivos aunque muchas veces se requiere un esfuerzo mayor del normal o esperado. Un líder motiva la excelencia y podrá hacer a un lado muchas cosas, pero no la responsabilidad.

j) Autodisciplina: líder es quien lleva una vida disciplinada. No se fija en premios sino en resultados, ya que para que lo sigan debe tener control sobre sí mismo. No hay duda, la primera y mejor victoria es la conquista de uno mismo.

k) Servicio: dado que la forma en que tratamos a otros es el reflejo de lo que pensamos de nosotros mismos, el verdadero líder siempre sirve a los demás: los coloca por delante, sin importarle su posición o título. Su servicio viene de su corazón, de su amor y de su entrega.

l) Misión: esta última abarca a las demás, ya que todo líder sabe que tiene una misión y enfoca su vida hacia ella. Dirige todos sus esfuerzos a cumplirla. Un pensamiento de la Madre Teresa de Calcuta es claro al respecto:

Al nacer, tú lloraste y los demás sonrieron. Vive tu vida, para que cuando mueras, tú sonrías y los demás lloren.

Una vez señaladas las propiedades de los líderes, enfoquémonos en la mujer. Su situación a través del tiempo ha cambiado muchísimo, lo vimos claramente en el apartado de su dimensión como trabajadora.

Con los años, la mujer ha luchado por demostrar su igualdad, su dignidad y todo el valor que posee. En este esfuerzo algunas han sucumbido, y han sido sometidas por culturas de terror que las oprimen, explotan o nulifican.

También hay quienes se han equivocado, pues han querido dejar de lado todo su encanto femenino, creyendo que si se parecen más al hombre y menos a la mujer, encontrarán la felicidad.

Finalmente, un tercer grupo son aquellas que lo han logrado; que conociendo las innumerables cualidades femeninas que poseen, han decidido escribir las líneas de su vida asumiendo con orgullo ese liderazgo.

Desafortunadamente todavía hay muchas mujeres que sufren violencia, maltrato y amenazas. Sin embargo, muchos hombres están creando las condiciones para que se reconozca la igualdad. Así, ellos participan cada vez más en el hogar para que ellas tengan la posibilidad de salir a trabajar sin descuidar a la familia.

Liderazgo en la mujer

En la actualidad la mujer es vista como educadora de una familia, sostén del matrimonio y parte del mundo laboral, artístico, político, económico y social. Esto me lleva a afirmar sin temor a equivocarme que la mujer es, consciente o inconscientemente, la gran líder de la sociedad.

Para demostrarte esta verdad, enlistaremos nuevamente las cualidades antes mencionadas, pero ahora para que reflexiones sobre ellas en tu persona:

a) Carácter: es ser coherente en tu vida. Estoy segura de que diariamente luchas por actuar según tus valores y principios, de acuerdo a lo que piensas.

b) Compromiso: pones tu corazón en lo que haces, tu compromiso es contigo misma, con tu familia, con tu trabajo, como dicen «traes la camiseta puesta» y no te la quitas.

c) Comunicación: como mujer haces simple lo complicado. Los que te rodean creen en lo que dices, lo llevas a la práctica, hablas con el corazón. Tú haces de cuatro paredes un verdadero hogar.

d) Coraje: tu familia es única y la defiendes ante cualquier amenaza o peligro, y a costa de lo que sea. Sabes escoger y renunciar; defiendes tus valores y tus principios aunque te cueste.

e) Generosidad: no tengo duda alguna de que te entregas totalmente a tus hijos, a tu familia, a tu trabajo; y que muchas veces te olvidas de ti misma por pensar en los demás.

f) Escuchar: como mujer no percibes palabras, sino corazones: el de tus hijos, el de tu esposo, el de tus amigas. Sabes que son personas con sentimientos, problemas, tristezas y alegrías.

g) Actitud positiva: la forma en que vives en tu familia, en tu trabajo o en otros ámbitos debe ser optimista, alegre y positiva. Recuerda que el ser humano puede cambiar su vida, cambiando sus actitudes.

h) Relación con los demás: es en la familia donde el hombre y la mujer se hacen más humanos. En ella aprendemos todos a amar, a darnos, a ser aceptados; en fin, a crecer y madurar como personas. En ti está entender a los tuyos, sacar lo mejor de ellos, ayudarlos a ser mejores cada día.

i) Responsabilidad: seguramente tienes metas en la vida, y es valioso terminar lo que inicias. No te rindes fácilmente y sé que mucho de esto lo logras con esfuerzos extraordinarios.

j) Autodisciplina: tu trabajo implica levantarte a diario, luchar contra la flojera, la desorganización y la comodidad. No hay duda que hay días en que el trabajo te cuesta mucho y sin embargo te conquistas a ti misma para seguir adelante. Como mujer estás al mando de la escuela de la vida, de tu vida y de ayudar en la de los otros.

k) Servicio: tu vida es de servicio a los demás, ¿cuántas veces pones por delante a otros que a ti misma? Servicio es amor, disponibilidad, generosidad, complementariedad, todo esto viene de tu corazón.

l) Misión (que no es lo mismo que sumisión): sabes que tienes un cometido único en tu vida, que solo tú puedes lograr. Estás en este mundo por algo y para algo, y diriges todos estos esfuerzos para cumplirlo.

Liderazgo total

Para lograr vivir estas cualidades es necesario cuidar tu persona a través del fortalecimiento de valores (ver en el capítulo *Los valores se enseñan solamente si se viven*) que abordan tres dimensiones en particular: física, intelectual y espiritual. El cumplimiento de estas dimensiones te llevarán a ser una mujer en equilibrio, y en definitiva una líder en los distintos roles que desempeñas.

Líder como esposa y madre: en tu matrimonio, con tu pareja, para estar unidos y enamorarse cada día más. Líder con tus hijos: hacerlos hombres y mujeres de bien, recuerda que ellos son solo prestados, pero depende mucho de nosotras el que sean personas maduras y de lucha. Líder como soltera y como mujer trabajadora; líder como hija, si tienes la gran dicha de tener contigo a tus padres: disfrútalos y quiérelos.

Líder como amiga para valorar a tus amistades; líder ante la sociedad para mejorar tu colonia, tu municipio, tu país; e involucrarte en actividades, no solo criticando y evidenciando, sino aportando.

Toma en cuenta que no necesitas ser una mujer famosa. Es en la labor diaria y con las pequeñas y grandes cosas como puedes llegar a ser una mujer líder.

Para terminar, te invito a leer en voz alta, las líneas siguientes. Sobre todo, confía en tus palabras y cree lo valiosa que eres.

Yo (menciona tu nombre) soy una mujer única en el mundo, no existe nadie igual a mí.

Tengo problemas, pero también grandes oportunidades.

Tengo tristezas, pero también muchas alegrías.

Tengo días malos, pero la mayoría son buenos.

Vivo situaciones difíciles, pero muchos momentos de amor.

¡Quiero vivir con plenitud cada momento de mi vida!

¡Soy una gran mujer!

¡Soy una mujer líder!

Responsabilidad social | 20

Siempre he pensado y he tratado de vivir con la convicción de que ayudar a los demás no es un mérito sino una responsabilidad. Hemos nacido en un país maravilloso: con grandes bellezas y oportunidades, pero también con una gran desigualdad social, ante la cual no podemos cerrar los ojos y menos dejar de hacer algo.

¿Qué tanto nos ayudamos los mexicanos unos a otros?, ¿qué tanta conciencia tenemos de la responsabilidad social hacia aquellos que tienen menos que nosotros? No me cabe la menor duda que, cuando se han presentado enormes desastres naturales en nuestro país, la ayuda incondicional de los mexicanos surge de inmediato; tal es el caso de lo que sucedió en el temblor de 1985, en la ciudad de México; con el huracán Gilberto, en 1988, que afectó fuertemente a la península de Yucatán; o en las inundaciones en Veracruz hace pocos años. Sin embargo, en el día a día, ¿qué tan solidarios somos?, ¿qué tanto de nuestro tiempo, dinero y esfuerzo se destina a los más necesitados?

Para muestra haré referencia a una investigación que se realizó en nuestro país para cuantificar el número de voluntarios, personas solidarias, y las horas que trabajan; así como las características y motivaciones principales que llevan a esos hombres y mujeres a apoyar a otros, participando ya sea en organizaciones de la sociedad civil o bien en forma individual. Comparto contigo algunos de los hallazgos de este estudio publicados en el libro *México solidario*, de la editora Jacqueline Butcher.

En México se cree que quienes aportan más trabajo voluntario son personas de ingresos medios y altos con una situación relativamente holgada. Esto fue desmentido en el estudio, ya que las personas de los diferentes sectores del país colaboran por igual en acciones solidarias, independientemente de su capacidad económica; asimismo, los de menor escolaridad aportan más o menos tiempo y esfuerzo que los que tienen más estudios.

Las acciones solidarias que prefieren los mexicanos son a favor de la iglesia, la escuela y los vecinos, quienes forman parte de su vida cotidiana. La dedicación solidaria en estos tres ámbitos ocurre más o menos igual en todas las regiones del país.

En cuanto al tipo de acciones que realizan los mexicanos, se encontró que, ya sea en la iglesia o en las escuelas, ofrecen trabajo físico, seguido por actividades de enseñanza y luego de recolección de fondos.

Aquellos que apoyan a los vecinos o a la comunidad lo hacen, igualmente, en primer lugar con trabajo físico; pero, a diferencia de los anteriores, le siguen en segundo y tercer lugar los cuidados y la atención directa a las personas. Después se dedican a la recolección de fondos.

En dicha investigación se encontró que quienes pertenecen a un credo religioso se inclinan un poco más a la realización de acciones solidarias.

Es interesante saber que este tipo de actividades se efectúan mayormente fuera de las instituciones o grupos organizados; es decir, la mayoría de la ayuda hacia los demás es de forma individual o en grupos informales.

Ahora bien, el tiempo dedicado al trabajo voluntario varía de persona a persona. Al primer grupo se le ha denominado «voluntarios intensos» que se calcula es 8% de los mexicanos. Ellos trabajan todos los días en este tipo de actividades, aportando un promedio equivalente a 186 días hábiles laborales de ocho horas al año. ¿Qué significa esto? que la mitad de su tiempo lo dedican al trabajo voluntario. Destaca que las dos terceras partes de este grupo son mujeres.

Otro sector son los llamados «voluntarios típicos», que tienen una dedicación constante a las actividades solidarias; que va de dos o tres veces por semana a una vez cada quince días. Este grupo dedica en promedio al año 34 días laborales de ocho horas (9% de su tiempo). Aquí también prevalecen un poco más las mujeres (59%), y en mayor grado pertenecen a una organización formal.

Por último, el tercer perfil de los actores solidarios corresponde a aquellos a los que se nombra «infrecuentes o esporádicos», ya que dedican a estas labores desde una vez por mes a varias veces al año. Aproximadamente 1.7 días laborales anuales.

En resumen, el promedio de días por mexicano que se dedica a realizar alguna actividad filantrópica es de 27 al año, que también es lo equivalente a 2.2 días por mes, y si extendemos esa cantidad al 40% de toda la población mexicana mayor de 18 años, tendríamos que aproximadamente 23 millones de personas estarían aportando cada una un promedio de 2.2 días laborales por mes, o 27 al año.

Sumando los días laborales, estos equivaldrían a 2.6 millones de empleos, que puestos en salarios mínimos y comparados con el PIB del 2004, podrían alcanzar el 1.14 %[1]. El interés por explorar más a fondo el mundo de la ayuda voluntaria y solidaria en nuestro país se observa en la publicación reciente del libro *La acción solidaria de los mexicanos: una aproximación*, del Centro Mexicano para la Filantropía A.C. (CEMEFI), en donde se reconoce la importancia de la actividad del trabajo voluntario, y se lleva a cabo un comparativo con los datos publicados por el INEGI en el 2010, el cual informa en su Cuenta Satélite de un 0.36% del PIB de valor del trabajo voluntario en establecimientos formales encuestados. La diferencia con la investigación mencionada radica en que esta última mide también el trabajo informal y esporádico, que no está incluido en las cuentas del INEGI.

Comparemos entonces este valor de 1.1% del PIB que dedicamos los mexicanos a trabajo voluntario con el de otros países, como se publican en el *Informe sobre el estado del Voluntariado en el mundo,* de Naciones Unidas, presentado en el 2011: en Suecia representa 5%, en Noruega 4%, en Estados Unidos 3.5%, y en Argentina 1.8%. El promedio de los países desarrollados es de 2.7%; y de los países en desarrollo, ligeramente inferior al 0.7%.

La actividad y el trabajo voluntario tienen implicaciones profundas para la sociedad mexicana. Por un lado, en la formación de capital social, buen gobierno y democracia. Favorece la construcción de lazos de amistad, conocimiento de otras personas y otras situaciones, la experiencia de la generosidad y la reciprocidad, la adquisición de nuevas habilidades, experiencias de trabajo, además de la satisfacción personal y el gusto percibido tanto en lo individual como en lo grupal[2].

¿Es suficiente?

En lo personal me parece que el tiempo por mexicano en apoyo de otros es muy poco, partiendo de la base de los 112 millones de mexicanos que somos. Como se mencionó al principio, no es mérito ayudar a otros para ponernos una palomita y calmar nuestra conciencia, es toda una responsabilidad social hacia aquellas personas que no hicieron nada diferente a nosotras, y que sin embargo tienen menos que el resto.

¿Cómo ayudar entonces? Con las cualidades, tiempo y circunstancias que tengas en este momento. Los campos son muchos: niños, ancianos, discapacitados, enfermos, personas solas, adicciones y otras, que necesitan de un poco de tu tiempo, de tu cariño, de tu compañía. Recuerda que la ayuda no solo es asunto de dinero.

Te invito a reflexionar: si en vez de ser 23 millones de mexicanos los que ayudan a los demás, logramos ser el doble o hasta el triple, definitivamente México cambiaría y sería mejor. Pongamos un granito de arena cada una de nosotras, ya que la más beneficiada al darte a los demás serás tú misma.

Participación ciudadana | 21

Hemos hablado de nuestra responsabilidad social, ¿pero qué hay de la participación que debemos tener como ciudadanas?

Así como existe una casa donde vivimos como familia, y en la cual debemos colaborar en las tareas diarias para que funcione, el país está constituido por ciudadanos que debemos participar para que marche adecuadamente.

Cada quien, según su edad y capacidad, tiene que realizar ciertas labores coordinadas por las autoridades. Un buen ciudadano practica el civismo, el cual se entiende como el interés activo en las cuestiones públicas, procurando con su participación colaborar en la solución de los problemas de la comunidad a través de acciones que lleven al bien común.

El civismo surge principalmente en la paz, ya que es constructivo; en la libertad basada en el auténtico respeto a la dignidad de la persona; y en la unión, como conjunto de intereses que presuponen la nacionalidad, la unidad de territorio, las tradiciones y la cultura.

Nuestra conducta demuestra el interés que tenemos hacia los demás. Un buen ciudadano cuida el agua, no tira basura en cualquier lugar, ayuda a mantener en buen estado las áreas verdes, colabora con las autoridades al cumplir con los reglamentos, respeta a las personas y a los objetos; no se preocupa solo por su bienestar, sino por el de toda la comunidad. No se queja de los problemas, colabora en su solución y participa en las elecciones informándose y ejerciendo su derecho al voto. ¿Qué tantas de estas acciones hacemos o dejamos de hacer?

Cuando tú naciste te convertiste en ciudadana mexicana y adquiriste derechos y obligaciones. Entre los primeros están contar con medios para un nivel de vida decoroso (casa, vestido, alimento, servicios, entre otros); manifestar y defender tus ideas; recibir educación; tener un trabajo digno; profesar la religión en forma privada y pública; y al cumplir los dieciocho años tuviste o tendrás el derecho a participar con tu voto en la elección de nuestros gobernantes. En cuanto a tus obligaciones, se encuentran el hacer uso correcto de los servicios públicos, pagar impuestos, colaborar en el cuidado y conservación de tu ciudad, manutención de los hijos y ancianos, así como respetar a los demás ciudadanos.

Manual del buen ciudadano

Comparto contigo parte del manual elaborado por la Asociación Nacional Cívica Mexicana (ANCIFEM), institución dedicada desde su fundación en 1973 a la formación cívica de la mujer y, a través de ella, de todos los ciudadanos:

> El primer requisito para ser un buen ciudadano es amar a la Patria. Este será el motor que nos impulse a realizar acciones a favor de ella. Para ello es indispensable conocerla.
>
> Un buen ciudadano se esfuerza por conocer su historia, sus tradiciones, su folclore, literatura, arte, sitios que hablan de ella, su geografía. Conoce y respeta los símbolos patrios, es leal, defiende los valores de su nacionalidad.
>
> Trata de propagar y mantener su idioma, quitando palabras extranjeras y barbarismos que deformen nuestra lengua; acepta del exterior lo que enriquece y desarrolla su cultura, y rechaza los elementos extraños que deforman al espíritu nacional.
>
> Conoce la forma en que está organizado el Estado Mexicano. El buen ciudadano también cumple con sus deberes y

ejerce sus derechos con responsabilidad, sabe que es parte importante de la sociedad, y no solo se queja, sino que colabora por el bienestar de todos.

Participa en las elecciones acudiendo a las urnas y dando un voto responsable y razonado, si es invitado a ser funcionario de casilla, cumple con responsabilidad su labor. Sabe quiénes son sus representantes y las funciones que cada uno ejerce, y se comunica con ellos, exige, supervisa y colabora.

Forma parte de una asociación o grupo para beneficio de la comunidad, conoce la Constitución y respeta las leyes justas.

Practica las virtudes cívicas: generosidad, criticismo, valor, cooperación, disciplina, solidaridad, ocupándose activamente de las cosas de la ciudad y respetando a las personas y a los objetos.

Sabe que una nación grande y justa depende de todos y trabaja para lograr el bien de México.

Si deseas ser una buena ciudadana debes participar, informándote y actuando. Ante todo, reconoce que México es una gran nación y que depende de cada uno de nosotros el trabajar por el bien de todos. Recuerda, para ejercer las llamadas virtudes cívicas, es necesario conocer y amar a nuestra patria, para entonces, realizar actos que la engrandezcan.

VI
Mujer con propósito

Perseverar para edificar | 22

Escribe Martín Descalzo, sacerdote, periodista y escritor español:

> ¿Vieron el concierto para violín de Tchaikowski que tocó Itzhak Perlman? Ha sido una de los mejores espectáculos en las últimas semanas. En primer lugar, por la maravilla de una interpretación en la que no sabías qué admirar más, si la técnica del músico, o la pasión interior del artista. Pero sobre todo, porque al concluir el concierto me di cuenta que Perlman era poliomielítico. Mientras el público estallaba en aplausos le vi incorporarse dolorosamente, mal sostenido por sus dos muletas, mientras sus compañeros le recogían el violín porque él necesitaba sus dos manos para ponerse de pie. Desde ese momento ya no eran dos las causas de mi admiración: su técnica y la belleza de su arte, sino que a ellas se añadía una tercera, tal vez la mayor: su coraje.

Esto es perseverancia, cualidad por demás importante. Para hablar de ella, partamos de la misión que cada una de nosotras debe cumplir: sabemos que es personal, única e intransferible; y nadie más la puede llevar a cabo, solo tú. Cabe mencionar que junto con esta vocación se nos ha dado una facultad importantísima que es la libertad. En este sentido, así como un escultor imagina en su mente el objeto que desea crear a partir de un bloque de piedra, nosotras somos quienes determinamos qué vamos a hacer de nuestras vidas y cuáles serán nuestros objetivos. En pocas palabras, somos las escultoras de nuestro destino. Aquí es donde podemos establecer que no existe perseverancia si no hay ideal. ¿Qué significa esto? Por ejemplo en el caso del escultor, su trabajo no valdría si pasara largo tiempo cincelando

177

sin haberse propuesto claramente lograr cierta estatua; pero hay algo más para reflexionar: tampoco concreta la idea de la escultura si deja de tallar; es decir, no se puede alcanzar el ideal sin la perseverancia. El punto es que ambos elementos van íntimamente unidos; no se da uno sin el otro.

Ahora bien, ¿qué significa perseverar? Esta acción se trata de que, una vez tomada una decisión, se llevan a cabo las actividades necesarias para lograrlo. Sobre todo es continuar en nuestro propósito aunque surjan dificultades internas o externas, o pese a que disminuya la motivación personal a través del tiempo.

Los hombres y mujeres que han triunfado en su vida no son los más inteligentes, poderosos, ricos o famosos, sino aquellos que han sido más constantes, los que se han fijado metas y han luchado por alcanzarlas. Es un hecho que la carrera no siempre la ganan los más veloces, sino quienes siguen corriendo.

Pero ojo, la perseverancia no debe confundirse ni con la terquedad ni con la rutina. Por terquedad me refiero a seguir llevando a cabo las actividades necesarias para alcanzar lo decidido aun si te das cuenta que la decisión no es correcta; o bien, si surgen imponderables que indican que no es prudente seguir. La rutina sería el adoptar una conducta que se mantiene sin sentido, esto es «hacer por hacer».

Un libro que refleja lo que estamos abordando es *La Constancia*, de Rafael Llano. Este autor hace mención de la opinión de Houssay, célebre biólogo, la cual puede aplicarse en cualquier campo de acción:

> Debo disipar la curiosa opinión de muchas personas, según la cual pueden hacerse descubrimientos casuales por intuición o suerte. No se llega a realizar ninguna obra científica seria ni a descubrir nada, si no se trabaja intensa y profundamente. La suerte ayuda a los que la merecen, por su preparación y laboriosidad. Las obras geniales son frecuentemente el resultado de una larga paciencia. Existe una

errónea superstición sobre los prodigios de la inteligencia natural, pero la verdad es que esta no produce frutos sin un trabajo intenso y perseverante. Cuando oigo hablar de esas personas inteligentes que no trabajan, pienso que si no lo hacen es porque no son lo suficientemente inteligentes[1].

Todos nos sentimos muy orgullosos cuando algún representante mexicano del deporte o de la ciencia obtiene reconocimiento por su trabajo. Por ejemplo, varios jóvenes alcanzaron triunfos importantes en las pasadas olimpiadas; o en 1995, cuando Mario Molina (nacido en México en 1943) recibió el Premio Nobel de química. Este hombre, después de haber estudiado y trabajado durante 21 años se hizo acreedor al galardón internacional por haber contribuido a detectar un problema del medio ambiente (el agujero de ozono antártico) que pudo haber tenido consecuencias catastróficas, y parte de su premio lo donó a México para investigación. Después, en una entrevista le invitaron a dar un mensaje a los jóvenes mexicanos. Con gran sencillez, el científico aconsejó: «Estudien duro, tengan paciencia y sigan estudiando más duro».

Enemigos de la perseverancia

La mayor fuerza que poseemos no es nuestra inteligencia, ni nuestros músculos o entusiasmo, sino aquella que se condensa por la constancia en una voluntad de hierro. He visto a personas muy inteligentes y entusiastas, pero que por no haber sido capaces de soportar un trabajo continuo nunca tuvieron éxito; o bien, personas que no siendo tan inteligentes o entusiastas, han logrado mucho en la vida gracias a su perseverancia. La clave está dada, por lo que es momento de ejercerla para no caer en ciertos vicios que la atacan.

Estos vicios son:

a) Inconstancia. Es muy frecuente escuchar: mañana empiezo, la semana que entra lo hago, o simplemente empezamos algo y no lo terminamos. La inconstancia está relacionada con la duración; es decir, a medida que pasa el tiempo abandonamos lo iniciado. Pero también, y de manera fundamental, está vinculada a la necesidad de abstenerse de otras actividades, quizá más divertidas o más fáciles y que no nos cuestan tanto trabajo.

Esta falta de constancia se nota especialmente en las personas que abandonan el proyecto ante las primeras dificultades y también en aquellas que cambian de actividad rápidamente. Para evitarlo, te recomiendo desarrollar un cierto sentido de orgullo: ser fiel a ese ideal y seguir adelante para no traicionarte a ti misma.

b) Temperamento emocional. Basamos nuestro modo de ser en sensaciones o sentimientos que son, muchas veces, inestables. Se trata de las famosas «llamaradas de petate», que hacen que se empiece algo y al poco tiempo se abandone por falta de gusto o por aburrimiento.

La razón es clara: cuando la voluntad no es intensamente requerida por una emoción, se vuelve indiferente y apática. Esta característica la poseen las personas que se entusiasman cien veces y las mismas cien veces se desaniman. Recuerdo un letrero que decía: «Dejar de fumar es muy fácil, yo lo hago a diario». Parece chiste pero encierra una triste realidad.

Si nuestra vida se rigiera por lo que nos agrada o desagrada, ¿quién cumpliría con su deber?, ¿quién se levantaría a las seis de la mañana para ir a su trabajo o a la escuela?, ¿quién saldría de su casa cuando está cansada o hace frío?, ¿quién sería fiel en su matrimonio cuando la esposa o el marido están enfermos? Es necesario que los ideales que nos provocan altas emociones cristalicen en convicciones, y se traduzcan en decisiones concretas, realizables y señaladas en un plan con etapas y metas. El sentir entusiasmo o gusto por realizar algo no está mal, lo importante es que se traduzca en convencimiento.

c) Obstáculos y dificultades: siempre nos vamos a encontrar con dificultades y tropiezos. La solución a esto es la de anticiparse a los problemas en lo posible. Para ello, pregúntate: ¿qué puede salir mal?, ¿qué me puede costar trabajo? La relevancia de esto es que si no estamos preparados para ellos, nos van a caer de sorpresa, lo que nos provocará miedo para continuar y desistiremos fácilmente. Ten en cuenta que si ya se conoce al enemigo, es más fácil prepararse para vencerlo.

d) Pesimismo y optimismo: nos dice José Luis Martín Descalzo, «No ha nacido el genio que nunca fracase en algo. Lo que sí existe es gente que sabe sacar fuerzas de sus errores y otra gente que de sus errores solo saca amargura y pesimismo».

La mujer pesimista es aquella que acaba triste y sigue su vida de un modo mecánico y rígido; la optimista sabe resistir, acepta los obstáculos con generosidad y los utiliza como medios para seguir luchando. Obviamente eres tú quien decide ser una persona pesimista u optimista, pero la perseverancia siempre se acompaña de esta última.

e) Intentar mejorar demasiadas cosas simultáneamente: para alcanzar logros importantes es relevante que tu objetivo sea realista y alcanzable. No puedes estar luchando seriamente en muchos sitios a la vez. Si cometes el error de no fijarte un ideal de acuerdo a tu realidad, no solo no vas a perseverar, sino que te vas a desanimar. «Mira al cielo, con los pies en la tierra». Ten cuidado con la prisa, a veces queremos hacer demasiadas cosas y lógicamente fallamos en alguna. Bien dicen por ahí «rápido y bien, no ha habido quien».

f) Vanidad: quien se deja dominar por la vanidad nunca podrá ser fiel a un compromiso serio. Es un veneno mortal para cualquier empresa de valor, ¿por qué? Porque la perseverancia exige muchas horas de trabajo oculto: esos trabajos domésticos aparentemente insignificantes pero necesarios, esa persistente y a veces dura tarea del cuidado y educación de los hijos, y todas aquellas ocupaciones sin colorido, favorecen muy poco las exigencias llamativas de la vanidad. No caigamos en el error de realizar obras para que los demás las admiren.

g) Impaciencia: el no saber esperar, querer que suceda rápido y fácil no es conveniente. Los ideales se logran poco a poco. Basta saber la cantidad de intentos que realizaron científicos para lograr sus hallazgos. Por ejemplo, Thomas Alva Edison, en entrevista luego de hacer que prendiera el primer foco, dijo sobre los mil intentos que realizó: «No fracasé, solo descubrí 999 maneras de cómo no hacer una bombilla».

La perseverancia requiere de paciencia. No olvides que muchos fracasos de la vida han sido de hombres que se rindieron porque no supieron darse cuenta de lo cerca que estaban del éxito.

h) No saber decir no: un problema común es que no sabemos decir que no y nos comprometemos a cosas que de antemano sabemos que no vamos a cumplir. Recuerdo a la directora (de nacionalidad española) del colegio de mis hijas, que decía: «Ya entendí cómo funcionan las mamás en México. Cuando las invito a una junta en el colegio, la que me dice que sí asistirá significa que tal vez lo haga; la que me dice que probablemente asista, es que no va a venir; y la que me dice que no puede venir, es que no es mexicana».

Aprendamos a decir que no y viviremos mucho más tranquilas.

Amigos de la perseverancia

Para acompañar a la perseverancia hay actitudes y emociones que ayudan a convertirnos en mujeres constantes y fieles en lo que nos proponemos. Estas son la ilusión, el entusiasmo, el optimismo, la tenacidad, la fortaleza, la constancia y la fuerza de voluntad.

Te invito a vivir cada momento, a tratar de alcanzar lo que siempre has querido y a dejar de pensar que no se podrá realizar. Recuerda: ayer... es pasado; mañana... es un misterio; hoy... es un regalo

Solo por hoy
Kenneth L. Holmes

Solo por hoy, trataré de vivir únicamente este día, sin abordar a la vez todo el problema de la vida. Puedo hacer en doce horas cosas que me espantarían si tuviese que mantenerlas durante una vida entera.

Solo por hoy, seré feliz. La mayoría de las personas son tan felices como deciden serlo. La felicidad es algo interior; no es asunto de fuera.

Solo por hoy, trataré de vigorizar mi espíritu. Aprenderé algo útil. Leeré algo que requiera esfuerzo, meditación y concentración.

Solo por hoy, trataré de ajustarme a lo que es y no trataré de ajustar todas las cosas a mis propios deseos. Aceptaré mi familia, mi trabajo y mi suerte tal como son y procuraré adaptarme a todo ello.

Solo por hoy, ejercitaré mi alma en tres modos: haré a alguien algún bien sin que él lo descubra. Y haré dos cosas que no me agrade hacer, solamente para ejercitarme.

Solo por hoy, perdonaré a quien me hiera, pensando que no lo hizo intencionalmente.

Solo por hoy, haré de mi familia y de mi trabajo un lugar agradable para convivir, para vivir en paz y con gran amor.

Solo por hoy, seré agradable. Tendré el mejor aspecto que pueda, me vestiré con la mayor corrección, hablaré en voz baja, me mostraré cortés, seré generosa en la alabanza, no criticaré a nadie, no encontraré defectos en nada y no intentaré mejorar o regular a nadie que no sea a mí misma.

Solo por hoy, tendré un programa. Consignaré por escrito lo que espero hacer cada hora. Puede que no siga exactamente el programa, pero lo tendré. Eliminaré dos plagas: la prisa y la indecisión.

Solo por hoy, tendré media hora tranquila de soledad y descanso. En esta media hora pensaré, a fin de conseguir una mayor perspectiva de mi vida.

Solo por hoy, no tendré temor y especialmente no tendré temor de ser feliz, de disfrutar lo bello, de amar y de creer que los que amo, me aman.

El secreto está en tu actitud | 23

«Que a tu paso por este mundo logres hacer una diferencia».

Este fue el mensaje del director de una universidad con prestigio mundial a los alumnos en su primer día de clases. En lo personal, eso me gustaría lograr, y estoy segura de que a ti te gustaría lo mismo. Sin más preámbulo, a eso se le llama actitud en la vida.

La palabra actitud es muy utilizada en nuestro vocabulario: qué actitud tan amable tiene; su actitud es muy agresiva; ¡con esa actitud no lograrás nada!

Pero ¿realmente sabemos qué significa? Dado su amplio uso, se puede explicar como la forma en que reaccionamos ante las diferentes situaciones que se nos presentan. Es la forma en que decidimos vivir. Y es que la vida puede ser una magnífica oportunidad para ser feliz o para ser miserable; puedes verla como una maravillosa aventura o como un total desencanto. Tu vida puede estar llena de entusiasmo o de depresión. En eso tú decides, pero es muy probable que desees vivir de la mejor manera.

Tipos de actitud

Existen diversas clases de actitudes:

a) Actitud de reacción: cuando se responde de forma espontánea, está condicionada por los impulsos, la cultura y las experiencias del pasado. Obviamente no siempre es correcta y algunos ejemplos son las reacciones frente al tráfico: nos ponemos de mal humor, gritamos e insultamos; hay reacciones sobre las que tenemos mínimo control, como aquellas frente a un incendio, temblor o inundación, y a veces las juzgamos con severidad. Estas son instintivas y naturales y pueden ser muy útiles cuando se trata de un peligro cercano o de supervivencia.

b) Actitud de elección: en la que decides qué hacer y optas con esfuerzo y paciencia por cambiar tu forma de ser; es decir, cuando resuelves trocar tu primera reacción por una decisión. En ello intervienen el autocontrol, la inteligencia y la fuerza de voluntad. Si tienes un problema económico eliges salir adelante; ante una enfermedad, optas por combatirla; si tu hijo tiene un problema grave, determinas enfrentarlo. ¡Ojo! no se trata de negar o de minimizar la situación, sino del enfoque con el cual se enfrenta.

Como seres humanos debemos siempre ir más allá y no quedarnos en las actitudes de reacción, donde los impulsos y las emociones suelen controlarlo todo. Tenemos que dirigirnos a las actitudes de elección.

Ante esto, ¿cómo controlar mis actitudes? Definitivamente con tu libertad y haciendo a un lado la idea de que el rumbo de nuestras vidas es cuestión de suerte, destino, astros, energía, o que somos víctimas de los demás.

La buena suerte

Podemos decir que la suerte existe, pero no es determinante; importa más tener buena actitud frente a lo que nos sucede. Es un hecho que muchas personas pasan su vida quejándose de su mala suerte y culpándola de sus fracasos y errores. Nuestra vida es una elección y eres la única dueña de lo que haces, tal como lo expresa Benjamín Franklin: «La felicidad generalmente no se logra con grandes golpes de suerte, que pueden ocurrir pocas veces, sino con pequeñas cosas que ocurren todos los días».

Tener una actitud positiva y dinámica implica tomar el control de tu vida, salir de la pasividad y actuar. Para muestra, el caso siguiente es un ejemplo eficaz: en un día cualquiera, decides levantarte tarde, por tanto no tuviste tiempo para arreglarte y quizá no llegues a tiempo a la cita de trabajo, lo que repercutirá en la relación con tu jefe. Por el contrario, si decidiste levantarte a tiempo, te arreglaste, llegaste a la cita puntualmente, el encuentro será más positivo y tu jefe tendrá mejor impresión sobre ti.

Esta relación de cadena es para reflexionar. ¿Cuántas elecciones tomas al día que repercuten en el cumplimiento de tus tareas o en que se queden inconclusas?

Para tomar en cuenta

La actitud se elige, y algunos de los obstáculos que impiden que esta sea correcta son:

a) Justificaciones: Así he sido siempre; tengo un carácter muy fuerte; como soy virgo... soy orgullosa.

   Estas expresiones u otras significan que no deseamos cambiar y actuamos siempre igual.

b) La prisa: evita que pensemos con calma y nos olvidamos de ser amables y sinceros con los demás, por lo que se convierte en costumbre el vivir los días corriendo.

c) Formar juicios: dado que no tenemos la verdad absoluta, debemos cuidar nuestros juicios y mostrar respeto a cualquier persona sin importar su posición económica, cultura, religión, comportamiento o raza. Hay que observar los hechos sin hacer evaluaciones.

d) Sentimientos: es evidente que no podemos controlar lo que sentimos, pero sí depende de nosotras lo que hacemos con ello. No es lo mismo sentir que consentir. Por ejemplo, puedes experimentar envidia hacia alguna amiga tuya que tiene algo que tú quisieras. No lo puedes evitar y tampoco es malo sentirlo; pero lo que sí depende de ti es dejarlo pasar y que se te olvide, o cultivarlo e, incluso, manifestarlo causando daño. Recuerda que somos lo que hacemos y no lo que pensamos o sentimos.

e) Pensamientos: lo único que nos limita son las concepciones negativas. Pregúntate cuantas cosas has dejado de hacer por creer que no puedes, o si sigues pensando en el triste «si hubiera», que no existe ni existió. Aseguran los expertos en psicología positiva que por cada pensamiento negativo que formulemos, tiene que haber cuatro positivos, ¿los tienes?

Beneficios

Tener una actitud positiva te dará grandes satisfacciones en tu vida. Veamos algunas de ellas para que identifiques el impacto que tienen en tu persona, la familia, el trabajo y la sociedad.

a) Felicidad: es el resultado de una actitud positiva. La felicidad no es una meta sino un estado de vida que proviene de la mente y hace que te sientas agradecida por lo que tienes y aceptes aquello que no tienes. La felicidad no la dan el nivel económico o social ni el intelectual o físico, sino la tranquilidad y paz interior de la persona. Aquel que es feliz, sabe reírse con franqueza. ¿Sabías tú que un niño de seis años ríe trescientas veces al día, mientras que la mayoría de los adultos lo hacemos apenas quince en ese mismo lapso? Un buen consejo que me ha llegado es: «No te tomes demasiado en serio la vida, gózala, ríete de ella y de ti misma lo más que te sea posible».

b) Entusiasmo: nada grande en la vida se logra sin este ingrediente. Nos produce energía. Basta escuchar a alguien hablar apasionadamente para sentir una gran emoción; es algo contagioso. Si estás pensando en algo que valga la pena, no esperes más y empieza ahora. Una buena actitud va siempre acompañada de un gran entusiasmo y de un rechazo total a morir en vida.

c) Autoestima y seguridad: autocriticarte y compararte con otras no te lleva a nada. Debes tener confianza en ti misma y aprender de tus errores. Si te sientes capaz de hacer algo es muy probable que lo consigas, ya que el éxito llama al éxito. No dejes nunca una buena idea hasta que la logres o te demuestres que no tiene valor; sé firme a la oposición y resiste cuando algo sea difícil o desagradable.

d) Saber enfrentar miedos y problemas: una buena actitud te ayudará significativamente a enfrentar estos obstáculos, ya que infunde valentía para lograr el objetivo. El coraje y la voluntad son la forma de cambiar tu vida.

e) Satisfacción por el trabajo bien hecho: reconoce cuando tú o alguien más lleva a cabo una buena labor; descubre lo que te motiva a trabajar y anota en qué debes cambiar, ahora y no después. Siempre he admirado a Walt Disney, creador de este mundo mágico que hemos gozado ya varias generaciones. En su vida siguió tres pasos para lograr lo que ahora es un emporio: primero soñaba y soñaba muy alto, después veía su realidad y con lo que contaba, por último lo consultaba con personas cercanas a él y lo llevaba a la práctica. Las limitaciones y tonterías imaginarias nos impiden intentar algo diferente; no te detengas y sigue siempre.

f) Salud: hay una asombrosa relación entre una buena actitud y una buena salud. La actitud negativa ocasiona enfermedades inmunológicas y cardiovasculares que acortan la vida. Recientemente la ciencia ha descubierto que el cuerpo humano podría vivir hasta 120 años; sin embargo, los hábitos, costumbres y actitudes reducen su tiempo. La actitud positiva es la mejor medicina con la que podemos contar.

g) Amistad: una persona con actitud positiva siempre es aceptada por otras. Demuestra y cultiva la amistad; las verdaderas amigas se cuentan con los dedos de una mano; por lo tanto, hay que frecuentarlas en una forma positiva: no critiques ni te involucres en chismes, adquiere el hábito de difundir buenas noticias, ya alguien más se encargará de las malas.

h) Cariño: si lo demuestras y manifiestas, lo harán contigo; el contacto físico con tus seres queridos es muy importante: apretones de mano, palmadas, abrazos y besos; las palabras de afecto y agradecimiento deben estar presentes todos los días en nuestra familia.

Estos beneficios nos invitan a desarrollar una buena actitud en nuestra vida, lo que nos llevará a convivir mejor con los demás, recibir su comprensión y, sobre todo, amor. Es un principio vital que la gente quiere a quien la quiere. Reflexiona sobre este pensamiento:

La luz de una persona deberá ser como la de una vela, que sirve para encender muchas más, y no por eso se acorta su vida, sino que refleja siempre luz.

Finalmente, hay que enfatizar que la actitud se contagia. Esto lo podemos ver en nuestro ambiente; lo que tú hagas afectará a otras personas: a tus hijos, tu esposo, las personas en tu trabajo y tu comunidad. Por ende, si tu actitud es negativa, los tuyos se verán afectados; como dice el refrán: «Aquel que siembra vientos, cosecha tempestades».

> Reflexiona, ¿tienes una actitud que acerca o aleja? Hoy puedes cambiarla si te lo propones, no esperes a que los demás lo hagan. Si quieres cambiar el mundo, cambia tu perspectiva y el mundo cambiará. Hoy tú marcas la diferencia.

El éxito comienza con la actitud
Napoleón Hill

Si piensas que estás vencida, lo estás,
si piensas que no te atreverás, no lo harás,
si piensas que te gustaría ganar, pero que no puedes,
es casi seguro que no lo lograrás.
Si piensas que vas a perder, ya has perdido,
porque en el mundo encontrarás
que el éxito empieza con la actitud,
todo está en el estado mental.
Muchas carreras se han perdido
antes de haberse corrido,
y muchos cobardes han fracasado
antes de haber su trabajo empezado.
Piensa en grande y tus hechos crecerán,
piensa en pequeño y quedarás atrás,
piensa que puedes y podrás,
todo está en el estado mental.
Si piensas que estás aventajada, lo estás,
tienes que pensar bien para elevarte,
tienes que estar segura de ti misma
antes de ganar un premio.
La batalla de la vida no siempre la gana
la mujer más fuerte o la más ligera,
porque tarde o temprano, la mujer que gana,
es aquella que cree poder hacerlo.

Haz de tu vida un proyecto | 24

Si te ha interesado el nombre de este apartado es porque hoy es un día importante para que hagas un alto en tu camino. Piensa que estás frente a un semáforo que te obliga a detenerte y te da la oportunidad de ordenar tu vida.

¿Cuántos años tienes?, ¿cómo va tu vida en este momento?, ¿cómo estás en tu trabajo, en tu familia, en tu matrimonio?, ¿has crecido en tu vida o estás estancada?, ¿tienes duelos no resueltos?, ¿tienes resentimientos, rencores y culpas hacia otros?, ¿quieres y necesitas cambiar en algo?

Por esto te invito a hacer de tu vida un proyecto. Lo que tú no hagas por ti, nadie más lo hará. Tus papás, tu marido o novio y tus amigas te podrán dar su opinión, decirte qué hacer frente lo que se te presenta, pero la única que puede cambiar el rumbo de su vida eres tú. ¿Qué mujer querrías ser en un año, en cinco, en diez?, ¿cómo te gustaría que los demás te vieran?, ¿qué esperas lograr?

De inicio, hay que considerar las cuatro dimensiones de la persona que dan la pauta para integrar un proyecto personal:

a) Física: se trata de tu cuerpo, solo tienes uno y debes cuidarlo balanceadamente.

b) Intelectual: se refiere a tu mente. Así como nuestro cuerpo se beneficia o perjudica por lo que comemos, nuestra mente se ve influenciada por lo que leemos, escuchamos o vemos. ¿Qué tanto lees?, ¿qué tanta televisión ves al día y qué programas? Los mexicanos vemos un promedio de tres horas y media al día de televisión. A la semana son poco más de 24 horas, ¡un día completo! Ciertamente no es necesario que todo el tiempo estés ocupando tu mente, es importante buscar espacios de descanso y aprovechar los momentos libres. Pero ten en cuenta que nuestro cerebro también envejece, por lo que debes mantenerlo activo y en forma.

c) Psicológica: aborda tu forma de ser. Todos nacemos con un temperamento, es decir, ciertas características genéticas que nos distinguen de otros. Viene entonces el llamado carácter, que es el temperamento educado. En esto no se vale escudarnos y afirmar así soy y que los demás me acepten; no puedo cambiar.

Tenemos el deber de no dejarnos llevar por nuestros impulsos y pasiones y lograr un carácter que sepa relacionarse con los demás.

d) Espiritual: se trata de tu alma y de tu corazón. Para crecer en este sentido se requieren momentos de reflexión: ¿hacia dónde voy?, ¿qué quiero hacer de mi vida?, ¿cómo voy? Piensa también qué tanto te preocupas por los demás, por aquellas personas que tienen menos que tú, sobre todo en el aspecto material. Si realmente fuéramos conscientes de ello y nos apoyáramos unos a otros, la situación sería diferente.

Somos seres de varias dimensiones: lo que le pasa al cuerpo afecta a la mente y al alma; lo que le afecta al alma repercute en el cuerpo y la mente. No podemos ni debemos separarlos. Por ello, el crecimiento que tienes como mujer se da en todos estos rubros de manera integral.

Proyecto concreto

Ahora bien, es fundamental que para que esta reflexión no se quede en buenos propósitos, como sucede la mayoría de las veces, se establezcan acciones muy concretas y realistas en los diferentes ámbitos de tu vida. Una guía para determinar el tipo de actividades que debes emprender es responder preguntas como: ¿qué actos puedes realizar para mejorar en tu matrimonio?, ¿qué puedes hacer para llevarte mejor con tus hijos?, ¿qué cambios debes hacer para que tu trabajo sea mejor?

Anota cada una de las acciones que vienen a tu mente, no las dejes como ideas. Si lo prefieres, puedes utilizar el formato que aparece al final del apartado *El misterio de saber quién eres*, en donde se invita a hacer cambios en las distintas esferas que conforman la vida de una persona. Lo relevante es que debes ponerle fecha a este proyecto, con el objeto de revisarlo por lo menos cada tres meses.

No dejes que pase más tiempo. Si haces esto, puedes darle un más claro sentido a tu vida. Es tu oportunidad para cambiar aquello que no va tan bien y para lograr algo nuevo.

Dado que como seres humanos buscamos la felicidad, constantemente nos preguntamos qué es y dónde se encuentra. Sobre este aspecto, te comparto algunas reflexiones que nos muestran que la felicidad no es una meta ni un fin, sino que la vivimos en los pequeños detalles del día a día. Dice el escritor Henry Van Dyke: «La felicidad es interior, no exterior, por lo tanto no depende de lo que tenemos, sino de lo que somos». Por su parte, Jean Paul Sastre, filósofo y escritor francés, establece que: «Felicidad no es hacer lo que uno quiere, sino querer lo que uno hace».

La psicóloga e investigadora de la Universidad de California, Sonja Lyubormirsky, en su libro *The How of Happiness*, después de años de estudio en miles de personas alrededor del mundo nos plantea que nuestra felicidad está determinada en un 50% por nuestra genética, 10% por las circunstancias o situaciones que se nos presentan en la vida y 40% depende de nosotras mismas. Ella las define como «actividades intencionales», que tienen el poder de cambiar nuestra vida y lograr que seamos más felices: en primer lugar gozar de la vida (apreciar diariamente, saborear, agradecer y practicar ejercicios de relajación); en segundo lugar estar comprometida; hacer algo que te guste y que te dé satisfacción, y el tercer punto es que tu vida tenga un propósito, que cada día que vivas tenga un sentido. Me pareció muy interesante esta investigación, ya que científicamente nos demuestra que ser felices está en nuestras manos y en lo que hagamos todos los días.

Entonces si nuestra felicidad y la de aquellos que nos rodean está en los detalles que realizamos diariamente, es primordial identificar cómo vivimos en este momento. Un ejemplo un tanto drástico, pero muy claro, es lo que le sucedió a Santo Domingo, a quien se le abordó con una enigmática pregunta:

—¿Qué haría si le dijeran que va a morir en unas horas?

El santo tranquilamente contestó:

—Seguiría haciendo lo que estoy haciendo.

Para llegar a contestar de esta forma, debes estar convencida de que tu vida tiene un sentido, que lleva una dirección, y que de hoy en adelante tu principal proyecto serás tú misma.

Cómo ser feliz

Anónimo

Al abrir los ojos por la mañana, dite a ti misma:

¡Qué maravilloso es estar con vida! Este día me debe de ir mucho mejor que ayer.

Nunca te olvides de que tú controlas tu propia vida. Convéncete: «yo estoy a cargo de lo que pase, yo soy la única responsable».

Alégrate cuanto te dirijas a tu trabajo. Siéntete feliz de contar con un empleo en estos tiempos de crisis económica.

Aprovecha al máximo tus ratos de ocio. No te sientes, ni empieces a flojear cuando puedes estar divirtiéndote o disfrutando de algún pasatiempo.

No te compares con los demás, la gente que lo hace tiende a la melancolía.

Sé menos crítica. Acepta tus limitaciones y las de tus amigos. Concéntrate en tus habilidades y en las de ellos.

Mejora tu sentido del humor. No te tomes demasiado en serio, trata de encontrarle el lado humorístico a los momentos de adversidad.

Toma tu tiempo. No trates de hacer todo a la vez. Sonríe más, más a menudo, a más gente.

¡Felicidades! El tiempo te obsequia un libro en blanco. Lo que en él escribas será de tu propia inspiración. De ti depende elegir la tinta arco iris de la dicha o la gris y opaca del desaliento y la amargura, las palabras dulces y hermosas del lenguaje del amor o el relato tenebroso y destructor del odio.

¿Qué escribirás amiga, en cada día que falta por llenar?

Epílogo

Hemos recorrido juntas este libro y para cerrar me gustaría contarte una vivencia personal que, además de marcar mi vida, me dio la pauta para reflexionar sobre lo que te he hablado en estas páginas.

A los veintiún años viajaba en carretera con un grupo de amigas. En cuestión de segundos el automóvil dio varias vueltas y quedamos fuera del camino, sin entender qué había pasado. La mayoría de nosotras tuvimos heridas leves; sin embargo, María Ángeles salió disparada del coche por el terrible impacto; cayó inconsciente, pero no parecía estar grave. De inmediato recibimos atención médica, aunque la confusión seguía en el aire. Acto siguiente, recuerdo con exactitud las palabras del médico que atendió a María Ángeles: «Hicimos todo lo posible, pero lamentablemente su amiga ha muerto».

Estábamos solo a unos meses de graduarnos de la carrera. María Ángeles acababa de conseguir un trabajo y tenía una vida por delante. ¿Por qué tuvo que morir en ese momento?, ¿cómo pudo permitirlo Dios?, ¿por qué ella y no yo? Estas y otras muchas preguntas daban vueltas en mi cabeza sin encontrar respuesta alguna, hasta que después de varios meses de enojo, tristeza, rabia y desesperación, tuve una conversación que me ayudó no solo en ese momento, sino que me ha acompañado el resto de mis días:

No te preguntes porque se fue María Ángeles, mejor pregúntate por qué sigues tú en este mundo.

A esto se llama descubrir el sentido de nuestra existencia; el propósito por el cual vivimos y que nos conduce a la plenitud.

En su libro, *El hombre en busca de sentido*, el psiquiatra Viktor E. Frankl responde a la pregunta por el sentido de la vida de una manera profunda y clara:

> Tenemos que dejar de hacernos preguntas sobre el significado de la vida y, en vez de ello, pensar en nosotros como seres a quienes la vida les inquiriera continua e incesantemente. Nuestra contestación tiene que estar hecha no de palabras ni tampoco de meditación, sino de una conducta y una actuación recta. Vivir significa asumir la responsabilidad de encontrar la respuesta correcta a los problemas que ello plantea y cumplir las tareas que la vida asigna continuamente a cada individuo.

> El significado de la vida, difiere de un hombre a otro [...] Vida no significa algo vago, sino algo muy real y concreto, que configura el destino de cada hombre, distinto y único en cada caso. Ningún hombre ni ningún destino pueden compararse a otro hombre o a otro destino.

> El hombre no debería inquirir cuál es el sentido de la vida, sino comprender que es a él a quien se inquiere. En una palabra, a cada hombre se le pregunta por la vida y únicamente puede responder a la vida respondiendo por su propia vida.

Querida amiga, tu responsabilidad es muy grande. Como hemos visto, nuestros distintos roles: como mujer primero y luego esposa, madre, empleada, sostén de la casa, pilar de la familia, ciudadana responsable, entre otros, nos llaman a actuar en armonía. Cada una de nuestras acciones produce una consecuencia, y por tal debemos desempeñarnos con absoluta libertad pero también con total conciencia.

Por todo esto, te invito a darle un sentido real a tu vida, a realizar tu propia misión, a gozar y vivir cada día como si fuera el último, dando lo mejor de ti misma a quienes te rodean.

Con alegría y respeto te expreso que ha sido un gran privilegio compartir contigo vivencias y conocimientos. Espero que te puedan servir en algún momento de tu vida y, sobre todo, que valores y disfrutes ser mujer hoy en toda la extensión de la palabra.

Notas

Capítulo 1
1. SATIR, VIRGINIA, 1991, *Nuevas relaciones humanas en el núcleo familiar*, Editorial Pax México, México.

Capítulo 3
1. ABAD RIBOT, EVA GLORIA, 2005, *¡Atrévete a ser feliz! Conócete. Acéptate. Amate.*, Editorial Panorama, México.

Capítulo 6
1. BRIZENDINE, LOUANN, 2007, *El cerebro femenino*, Editorial RBA Libros, México.
2. O'SHEA, COVADONGA, 1999, *La Armonía Vital. Una reivindicación de la familia*, Ediciones Tema de Hoy SA, España.
3. MELENDO, TOMÁS, artículo: «Feminizar el mundo: el papel insustituible de la mujer».
4. Ibídem.

Capítulo 7
1. POWELL, JOHN, 1989, *¿Por qué temo decirte quién soy?*, Editorial Sal Terrae, España.

Capítulo 8
1. LEVINSON, J. DANIEL, 1986 y 1996 *The seasons of a man's life*, Random House Publications, U.S.A., *The seasons of a woman's life*, Brillantine Books, U.S.A.

Capítulo 9
1. MELENDO, TOMÁS; MILLÁN-PUELLES LOURDES, 2008, *La chispa del amor*, Editorial Trillas, México.

Capítulo 10
1. NAVARRETE, RAFAEL, 1995, *Para que tu matrimonio dure*, Editorial San Pablo, España.
2. ROGERS, CARL, 1986, *El matrimonio y sus alternativas*, Editorial Kairós, España.
3. Ibídem
4. Ibídem
5. Ibídem
6. Ibídem

Capítulo 14
1. CIFUENTES, RODRIGO, 2005, *Obstetricia de alto riesgo, ginecología y obstetricia*, Editorial Distribuna, Colombia.

Capítulo 15
1. ROJAS, ENRIQUE, 2001, *El hombre light. Una vida sin valores*, Editorial Planeta Mexicana, México.

Capítulo 17

1 HAKIM, CATHERINE DRA., Investigadora del Departamento de Sociología, London School of Economics, "Ensayo sobre los mitos del feminismo".

Capítulo 18

1 ASOCIACION MUJER PROYECTO FAMILIA Y TRABAJO, *Memorias del III Congreso*: "Mujer: Familia y Trabajo". Ponencia Aquilino Polanio-Lorente, España.
2 WAITE J., LINDA; GALLAGHER MAGGIE, 2000, *The case for marriage. Why married people are happier, healthier and better off financially*, Broadway Books, EE.UU.

Capítulo 19

1 MAXWELL, C. JOHN, 1999, *The 21 indispensable qualities of a leader*, Thomas Nelson Inc, E.U.A.

2 CORRIERE DELLA SERA. «La firmeza de Juan Pablo II. Escritor y ensayista italiano». Artículo publicado en el Periódico Reforma. Abril 7, 2005.

Capítulo 20

1 BUTCHER, JACQUELINE, 2008, *México solidario. Participación ciudadana y voluntariado*, Editorial Limusa SA de CV, México.
2 BUTCHER, JACQUELINE. 2012, *La acción solidaria de los mexicanos: una aproximación*, Capítulo: «Dimensiones y cuantificación de las actividades solidarias en México: importancia y experiencias internacionales de medición», Centro Mexicano de Filantropía A.C.

Capítulo 22

1 LLANO CIFUENTES, RAFAEL,1992, *La constancia*, Editorial Minos SA de CV, México.

Bibliografía

ABAD RIBOT, Eva Gloria, 2005, ¡Atrévete a ser feliz! *Conócete. Acéptate. Ámate.*, Editorial Panorama, México.

AMAYA GUERRA, Jesús; PRADO MAILLARD, Evelyn, 2005, ¿Qué hago si mi media naranja es toronja?, Editorial Trillas, México.

ASOCIACIÓN MUJER PROYECTO FAMILIA Y TRABAJO, *Memorias del III Congreso: Mujer: Familia y Trabajo*, España.

ASOCIACIÓN NACIONAL CÍVICA FEMENINA A.C., 2000, *Manual del buen ciudadano*, ANCIFEM, México.

BECK T., Aaron, 1988, *Con el amor no basta*, Editorial Paidós, México

BENNETT J., William, 1996, *El libro de las virtudes*, Editorial Vergara, México.

BRIZENDINE, Louann, 2007, *El cerebro femenino*, Editorial RBA Libros, México.

BUTCHER, Jacqueline, 2008, *México solidario. Participación ciudadana y voluntariado*, Editorial Limusa, México.

CAPODAGLI, Bill; JACKSON, Lynn, 1999, *Los secretos gerenciales de Disney*, Editorial Panorama, México.

CALVO CHARRO, María, 2008, *Hombres y mujeres, cerebro y educación*, Editorial Almuzara, España

CENTRO MEXICANO PARA LA FILANTROPÍA A.C., 2012, *La acción solidaria de los mexicanos: una aproximación*, CEMEFI, México

CHINCHILLA, Nuria; MORAGAS, Maruja, 2009, *Dueños de nuestro destino. Como conciliar la vida profesional, familiar y personal*, Editorial Ariel, España.

DIAZ, Carlos, 2000, *Educar en valores. Guía para padres y maestros*, Editorial Trillas, México

ENLACE, ESCUELA PARA PADRES, 1998, *Disfunciones estructurales en el núcleo familiar*, Editorial Trillas, México

ESTRADA INDA, Lauro, 2009, *Transformación de la familia*, Ediciones B México, México

FABER, Adele; MAZLISH, Elaine, 1980, *Cómo hablar para que los niños escuchen y como escuchar para que los niños hablen*, Edivision, México.

FIGUERAS, Josefina, 2000, *El feminismo ha muerto. ¡Viva la mujer! Los desafíos de un siglo*, Ediciones Internacionales Universitarias, España.

FRANKL, E. Viktor, 1992, *El hombre en busca de sentido*, Editorial Herder, España.

GRAY, John, 1995, *Los hombres son de Marte, las mujeres son de Venus*, Editorial Océano Atlántida, México.

INEGI: Instituto Nacional de Estadística y Geografía, 2010, *Matrimonios y divorcios*, Censo Nacional de la Población, México.

ISAACS, David, 1986, *Dinámica de la comunicación en el matrimonio*, Ediciones Universidad de Navarra (EUNSA), España.

ISAACS, David, 1983, *La educación de las virtudes humanas*, Editorial Minos, México.

KIRK, Mary, 1997, *El éxito en el matrimonio*, Editorial San Pablo, España.

LEVINSON J. DANIEL, 1986, *The seasons of man's life*, Random House Publications, U.S.A.

LEVINSON J. DANIEL, 1996, *The seasons of woman's life*, Ballantine Books, U.S.A.

LLANO CIFUENTES, Rafael, 1992, *La Constancia* Editorial Minos, México.

LUJAMBIO, Julieta, 2007, *Mamá sola, un nuevo significado para la maternidad sin pareja*, Editorial Planeta, México.

MARTÍN DESCALZO, José Luis, 1993, *Razones para la esperanza*, José Luis Martín Descalzo, Sociedad de Educación Atenas, España.

MAXWELL C., John, 1999, *The 21 indispensable qualities of a leader*, Thomas Nelson Inc, E.U.A.

MELENDO, Tomás; MILLÁN-PUELLES, Lourdes, 2008, *La chispa del amor*, Editorial Trillas, México.

NAVARRETE, Rafael, 1995, *Para que tu matrimonio dure*, Editorial San Pablo, España.

ORGANIZACIÓN DE LAS NACIONES UNIDAS, 2011, *V Informe sobre el estado del voluntariado en el mundo*, PNUD, Estados Unidos

O'SHEA, Covadonga, 1999, *La Armonía Vital. Una reivindicación de la familia*, Ediciones Tema de Hoy, España.

PEREIRA DE GÓMEZ, María Nieves, 2001, *Educación en valores*, Editorial Trillas, México.

POLAINO-LORENTE, Aquilino, 2000, *Cómo mejorar la comunicación conyugal*, Ediciones RIALP, España

POLAINO-LORENTE, Aquilino, 2010, *¿Hay algún hombre en casa? Tratado para el hombre ausente*, Editorial Desclée De Brouwer, España.

POLAINO-LORENTE, Aquilino; MARTINEZ CANO, Pedro, 1999, *La comunicación en la pareja. Errores psicológicos más frecuentes*, Editorial RIALP, España.

POWELL, John, 1989, *¿Por qué temo decirte quién soy?*, Editorial Sal Terrae, España

POWELL, John, 1995, *El secreto para seguir enamorado*, Editorial Diana, México.

ROGERS, Carl, 1986, *El matrimonio y sus alternativas*, Editorial Kairós, España.

ROJAS, Enrique, 1997, *El amor inteligente*, Editorial Planeta Mexicana. México.

ROJAS, Enrique, 2001, *El hombre light. Una vida sin valores*, Editorial Planeta Mexicana, México.

SALINAS, Florinda, 1984, *Aprovechamiento del tiempo*, Editorial Minos, México.

SANBORN, Mark, 2006, *You don´t need a title to be a leader*, Random House, Inc., New York.

SATIR, Virginia, 1991, *Nuevas relaciones humanas en el núcleo familiar*, Editorial Pax México, México.

SORDO, Pilar, 2011, *¡Viva la diferencia!, y el complemento también*, Editorial Planeta, México.

WAITE J., Linda; GALLAGHER, Maggie, 2000, *The case for marriage. Why married people are happier, healthier and better off financially*, Broadway Books, E.U.A.

Página WEB: www.edufamilia.com

MÁS ALLÁ
DE LA PALABRA ESCRITA

Autores que te hablan cara a cara.

Descubre LID Conferenciantes, un servicio creado para que las empresas puedan acceder en vivo y en directo a las mejores ideas, aplicadas a su entorno por los más destacados creadores del pensamiento empresarial.

- Un espacio donde sólo están los mejores para que sea fácil seleccionar al conferenciante más adecuado.

- Un sitio con todos los datos y vídeos para que estés seguro de lo que vas a contratar.

- Un punto lleno de ideas y sugerencias sobre las cuestiones más actuales e interesantes.

- Un marco para encontrar directamente a los grandes ponentes internacionales.

- El único servicio de conferenciantes con el saber hacer de unos editores expertos en temas empresariales.

- La red de los mejores especialistas en empresa que cubre España e Iberoamérica.

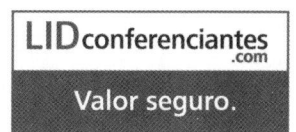

LIDconferenciantes.com
Valor seguro.